The World's First Rollercoaster
First published in the UK in 2023 by Templar Publishing
an imprint of Bonnier Books UK, Ltd.
5th Floor, HYLO, 105 Bunhill Row, London, England, EC1Y 8LZ
Text © 2023 Mike Barfield
Illustration © 2023 Franziska Höllbacher
Korean translation © 2023 Epublic(Safari)
All rights reserved.
This edition is published by arrangement with Templar Publishing, an imprint of
Bonnier Books UK
Ltd. through KidsMind Agency, Korea.

이 책의 한국어판 저작권은 키즈마인드 에이전시를 통해 Templar Publishing(Bonnier Books UK Ltd.)와
독점 계약한 (주)이퍼블릭(사파리)에 있습니다. 신 저작권법에 의해 한국 내에서 보호를 받는
저작물이므로 무단전재와 복제를 금합니다.

안 보면 손해!
알아 두면 쓸데 많은 기발한 시작들

초판 1쇄 인쇄일 2025년 9월 10일 | **초판 1쇄 발행일** 2025년 10월 15일
글 마이크 바필드 | **그림** 프란체스카 휠바허 | **옮김** 김영선
펴낸이 유성권 | **편집장** 심윤희 | **편집** 유옥진, 한지희, 김유림 | **디자인** 이지인
마케팅 김선우, 강성, 최성환, 박혜민, 김현지 | **홍보** 김애정, 임태호
제작 장재균 | **관리** 김성훈, 강동훈
펴낸곳 (주)이퍼블릭 | **출판등록** 1970년 7월 28일(제11-170호)
주소 07995 서울시 양천구 목동서로 211 범문빌딩
전화 02-2651-6121 | **팩스** 02-2651-6136
홈페이지 www.safaribook.co.kr | **카페** cafe.naver.com/safaribook
블로그 blog.naver.com/safaribooks | **인스타그램** @safaribook_
페이스북 facebook.com/safaribookskr
ISBN 979-11-6951-430-9 73400

* 이 책의 내용 일부 또는 전부를 재사용하려면 반드시 저작권자와 (주)이퍼블릭
  양측의 동의를 얻어야 합니다.
* 사파리는 (주)이퍼블릭의 유아·아동·청소년 출판 브랜드입니다.
* 책값은 뒤표지에 있습니다.

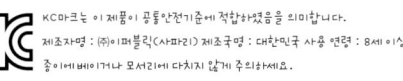

KC마크는 이 제품이 공통안전기준에 적합하였음을 의미합니다.
제조자명 (주)이퍼블릭(사파리) **제조국명** 대한민국 **사용 연령** 8세 이상
종이에 베이거나 모서리에 다치지 않게 주의하세요.

안 보면 손해!

알아 두면 쓸데 많은 기발한 시작들

교과 학습력을 키우는 놀라운 초등 지식

글 마이크 바필드

영국 노스요크셔의 작은 마을에 사는 작가이자 만화가이자 시인이자 공연 예술가예요. 수백 권의 책으로 둘러싸인 어수선한 방의 책상에 앉아 사람들을 웃길 만한 글을 쓰고 그림을 그리면서 하루를 보내는 날이 많아요. 일을 하면서 차를 엄청 많이 마셔요.

그림 프란치스카 휠바허

오스트리아 잘츠부르크에 사는 화가이자 작가예요. 고양이를 좋아해서 작품 속에 고양이를 자주 등장시켜요. 프란치스카가 이 책 속에 얼마나 많은 고양이를 그렸는지 찾아보세요.

옮김 김영선

서울대학교 영어교육과와 미국 코넬대학교 언어학과에서 공부했어요. 어린이와 청소년을 위한 책을 우리말로 옮기는 일에 힘쓰고 있어요. 2010년에 《무자비한 월러비 가족》으로 IBBY(국제아동도서위원회) 어너리스트(Honour List) 번역 부문 상을 받았습니다. 〈제로니모의 환상 모험〉 시리즈와 〈경고! 절대 열면 안 되는 공포의 노트〉 시리즈를 우리말로 옮겼어요.

안 보면 손해!
알아 두면 쓸데 많은 기발한 시작들

교과 학습력을 키우는 놀라운 초등 지식

글 마이크 바필드
그림 프란치스카 휠바허
옮김 김영선

사파리

사파리출판사 홈페이지에서
《안 보면 손해! 알아 두면 쓸데 많은 기발한 시작들》 독서 활동 자료를 다운받으세요!
책 읽는 재미가 쑥쑥 자라나요!

차례

1 거대한 구조물 · · · · · · · · · · · · · 9
롤러코스터 · · · · · · · · · · · · · · · · · · · 10
초고층 건물 · · · · · · · · · · · · · · · · · · · 12
디에베도 프랑시스 케레 · · · · · · · · · · · · 14
슈퍼마켓 · 16
풍력 터빈 · 18
뭐니 뭐니 해도 집이 최고! · · · · · · · · · · · 20

건축가
디에베도 프랑시스 케레
☆ 14쪽 ☆

여행가
베르타 벤츠
☆ 28쪽 ☆

2 교통수단 · · · · · · · · · · · · · · · · · 21
자전거 · 22
탄환 열차 · 24
전기차 · 26
베르타 벤츠 · · · · · · · · · · · · · · · · · · · 28
드론 · 30
각양각색 특이한 탈것! · · · · · · · · · · · · · 32

3 가정용 발명품 · · · · · · · · · · · · · 33
수세식 화장실 · · · · · · · · · · · · · · · · · · 34
퍼시 스펜서 · · · · · · · · · · · · · · · · · · · 36
뽁뽁이 · 38
반려견 · 40
위대한 우연들! · · · · · · · · · · · · · · · · · · 42

기술자
퍼시 스펜서
36쪽

4 음식과 음료 · · · · · · · · · · · · · · · 43
햄버거 · 44
탄산음료 · 46
안도 모모후쿠 · · · · · · · · · · · · · · · · · 48
감자칩 · 50
유래가 남다른 음식 이름 · · · · · · · · · · · · 52

☆ 기업인 ☆
안도 모모후쿠
48쪽

5 입고 신고 쓰고 ··· 53
- 데님 청바지 ··· 54
- 운동화 ··· 56
- **패치 오코넬 셔먼** ··· 58
  - 학교에서 입는 옷, 교복 ··· 60

6 놀이와 게임 ··· 61
- 스케이트보드 ··· 62
- 테디 베어 ··· 64
- **로니 존슨** ··· 66
- 풍선 ··· 68
- 신나는 지구! ··· 70

7 스포츠 ··· 71
- 축구 ··· 72
- 탁구 ··· 74
- **가노 지고로** ··· 76
- 특이한 스포츠! ··· 78

8 최첨단 기기 ··· 79
- 비디오 게임 ··· 80
- 태블릿 컴퓨터 ··· 82
- **자베드 카림** ··· 84
- 스마트폰 ··· 86
- 멋지고 새로운 세상 ··· 88
- 어린 마법사들 ··· 90
- 특허 취득 절차 ··· 92

CHAPTER 1
거대한 구조물

지구가 온갖 건물들로 터져 나갈 것만 같아요. 인구가 80억 명쯤 되니 놀랄 일도 아니에요. 여기에서는 세계 최고 기록을 세운 놀라운 구조물을 보게 될 거예요. 덤으로 특이하고 재미있는 구조물도 구경해 보아요. 먼저 흥미진진한 4가지 구조물을 보면서 기대치를 슬슬 높여 볼까요?

세계에서 가장 오래된 집

5,000여 년 전에 스코틀랜드 오크니 제도에 지은 '냅 오브 하워'예요. 비록 지붕은 없어졌지만, 집 앞에 펼쳐지는 바다 풍경은 여전히 아름다워요.

세계에서 가장 높은 모래성

2021년, 덴마크의 한 조각 공원에 만들었던 무려 높이 21미터가 넘는 모래성이에요. 이 모래성은 쌓을 때 모래를 단단히 굳히려고 **접착제**와 **진흙**도 조금 사용했다고 해요.

21미터

반칙 아냐?

세계에서 가장 큰 새 모양 건물

투르크메니스탄의 수도 아시가바트에 있는 국제공항이에요. 낮게 나는 거대한 흰색 매의 모양을 본떠 지었지요.

마인크래프트에서 처음 만들어진 구조물

2009년 컴퓨터 게임 마인크래프트가 처음으로 출시되고 고작 49분 뒤에 건설되었어요. '무쿠'라는 플레이어가 만든 블록 아홉 개짜리 다리였지요. 지금은 전 세계에서 수많은 사람들이 마인크래프트를 즐기고 있어요.

초고층 건물

안녕! 나는 세계에서 제일 키가 큰 갈매기야.

세계에서 최고로 높은 건물 꼭대기에 앉아 있거든!

여기 바로 아랍 에미리트 두바이에 있는 무려 높이 828미터의 부르즈 할리파란다!

이 건물은 모두 163층이야. 세계에서 가장 높은 레스토랑도 이곳에 있어.

그런데 알고 있어? '부르즈'가 '탑'을 뜻하는 아랍어라는 거?

부르즈 할리파에는 엘리베이터가 57개나 있고, 창문은 24,000개가 넘어.

창문을 모두 청소하려면 3달이나 걸린대. 진짜 힘들겠지?

비위가 약한 사람들은 읽지 않는 게 좋을지도 몰라. 이 건물은 초기에 하수도 시설이 부족해서 매일 주황색 트럭이 똥을 실어 나른다는 소문도 있었어.

부르즈 할리파는 에펠탑 3개를 쌓아 올린 만큼 높아!

에펠탑 1개.
에펠탑 2개.
에펠탑 3개.

초고층 건물을 '마천루'라고도 해. 맨 처음 마천루로 불린 건물은 1885년 미국 시카고에 지은 '홈 인슈어런스 빌딩'이야.

겨우 10층이라고? 엥, 시시하군!

건축가들은 철골 덕분에 점점 더 높은 초고층 건물을 지을 수 있었어.

나는 두꺼운 벽보다 더 많은 무게를 지탱할 수 있어!

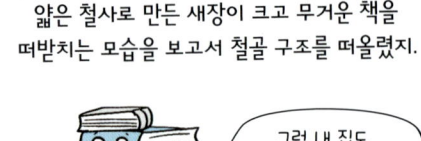

얇은 철사로 만든 새장이 크고 무거운 책을 떠받치는 모습을 보고서 철골 구조를 떠올렸지.

그럼 내 집도 초고층으로 지어 달라고!

초고층 건물은 대도시에 어울려. 대도시는 건물을 세울 땅이 부족하니까.

아, 좁다!
오잉!
어휴! 너무 붐빈다, 붐벼!

초고층 건물에도 단점이 있어. 바로 바람이야. 강한 바람이 불면 흔들려서 위험할 수 있거든.

네가 날 밀었니?
어….

부르즈 할리파는 위에서 내려다보면 반듯한 네모가 아니라 꽃 모양으로 생겼어. 이런 모양이 바람에 덜 흔들리기 때문이지!

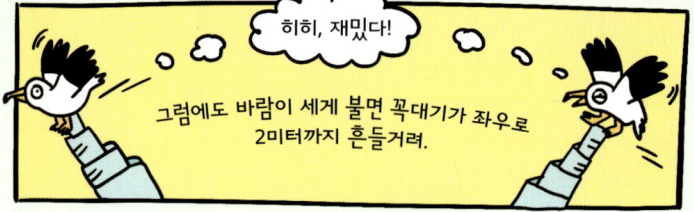

히히, 재밌다!

그럼에도 바람이 세게 불면 꼭대기가 좌우로 2미터까지 흔들거려.

끼룩! 이젠 내가 세계에서 키가 제일 큰 갈매기야

나 원 참!

저는 학교를 졸업한 뒤 목재를 다루는 목수가 됐어요.
이런 기술이 있으면 멀리 갈 기회가 생겨요. 그래서
독일 베를린 대학에 들어가 건축학을 공부할 수 있었어요.

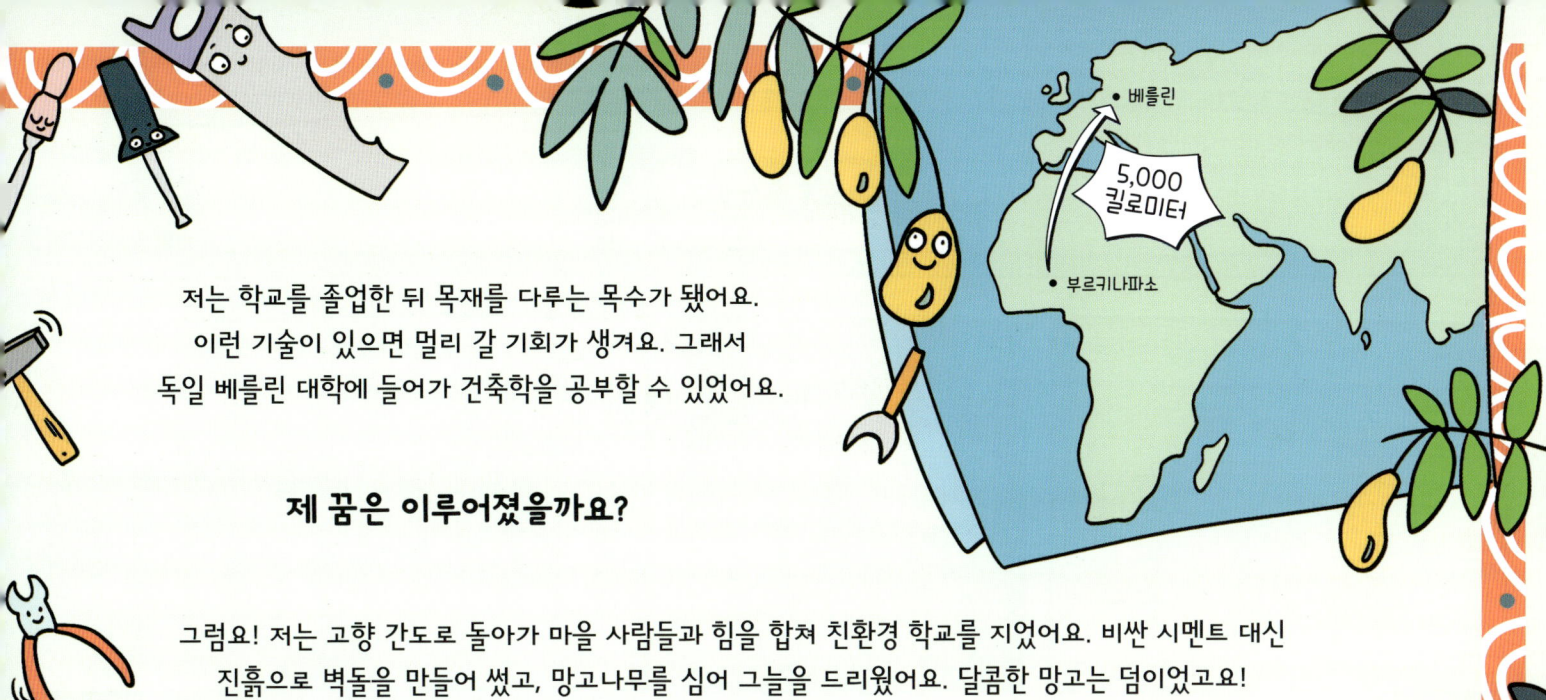

제 꿈은 이루어졌을까요?

그럼요! 저는 고향 간도로 돌아가 마을 사람들과 힘을 합쳐 친환경 학교를 지었어요. 비싼 시멘트 대신
진흙으로 벽돌을 만들어 썼고, 망고나무를 심어 그늘을 드리웠어요. 달콤한 망고는 덤이었고요!

2001년, 학교 건물이 마침내 완성되었어요. 뜨거운 열기를 견디기 위해 지붕을 높게
올린 모양이었지요. 얼마 뒤 저는 건축가 자격증을 땄고, 곧 고등학교와 교사들이 머물
숙소를 짓기 시작했어요!

뭐니 뭐니 해도 가장 멋진 일은 제가 지은 학교처럼 시원한 건물을 세우고 싶어 하는 사람들이 생겼다는 거예요.
덕분에 저는 자연과 맞서는 건물이 아니라 자연과 어우러지는 건물을 세계 곳곳에 지을 수 있었어요.

베냉 국회 건물
(베냉 포르토노보)

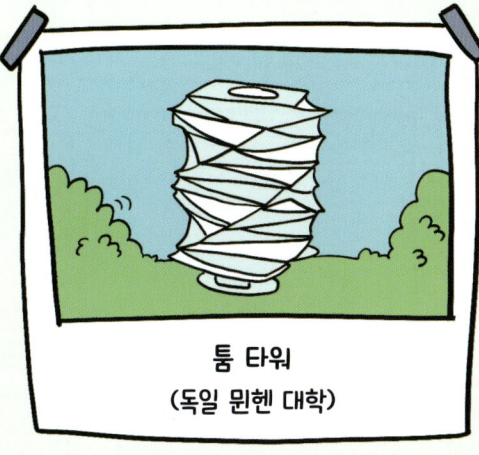

툼 타워
(독일 뮌헨 대학)

서펜타인 파빌리온 미술관
(영국 런던)

여기까지가 저의 여정이에요. 제 여정은 앞으로도 계속될 거예요!

슈퍼마켓

안녕! 나는 슈퍼마켓 진열대에 있는 깡통이야. 그렇다고 날 머리가 텅텅 빈 깡통이라고 생각하면 곤란해.

1961년에 식료품 가게 주인이었던 클래런스 손더스처럼 똑똑하다고.

— 나한텐 멋진 생각이 있어요!

그해에 그는 미국 테네시주 멤피스에서 고객이 손수 물건을 선택해 결제하는 최초의 셀프서비스 슈퍼마켓을 열었어.

그런데 슈퍼마켓 이름이 아주 특이했지.

— 이름을 휘뚜루마뚜루 지었군요!
— 왜요? 아주 재미있는데요!

이전까지는 물건을 사려면 직원에게 원하는 물건을 알려 주고, 찾아올 때까지 기다려야 했어.

— 견과류? 크래커?
— 예, 잠깐만요. 그런데 이건 시간 낭비 같군요….

뿐만 아니라 밀가루 같은 제품은 언제 뜯었는지 모를 큰 포대에서 덜어 주는 대로 사야만 했지.

— 이건 뭐 주는 대로 받을 수밖에 없네요.

밀가루

클래런스 손더스는 큰 포대에서 덜어 내 팔던 제품들을 작게 포장해 팔았어. 그리고 손님들이 계산대까지 이어진 길을 걸어가면서 포장된 상품들을 직접 손으로 집도록 했지.

— 이게 바로 쇼핑의 신세계예요!
— 그냥 앞으로 쭉 걸어가면서 담으면 되네!

손님들은 충동구매를 하기도 했어. 이제 직원에게 요청할 필요 없이 커다란 바구니에 마구마구 집어넣기만 하면 됐으니까.

— 피클을 12단지나요?
— 몽땅 사 놓고 싶어서요.

피클 폭풍 할인!

게다가 클래런스는 가격표, 영수증, 선반 등 오늘날 슈퍼마켓에서 널리 쓰이는 여러 방법을 맨 처음으로 시도했어.

2개 15센트 / 2개 9센트 / 10센트 / 5센트

그런데 한 가지 수수께끼는 여전히 남아 있어. 왜 가게 이름을 '피글리 위글리'라고 지었을까?

— 간단해요! 그래야 사람들이 궁금해하며 관심을 가질 테니까요.

— 이야! 드디어 내가 팔릴 차례인가!
— 힝, 나만 덩그러니 남았어….
— 드디어!

안 보면 손해! 쇼핑몰

이름의 유래

여러 매장이 건물에 몰려 있는 쇼핑몰의 '몰'은 영국 런던 버킹엄 궁전 가까이에 있는 부유한 동네 '펠멜(Pall Mall)'에서 유래했어요. 펠멜은 400년 전 부자들 사이에서 유행했던 공놀이 이름이에요. 공놀이를 하던 넓은 들판에 고급 상점들이 들어서며 지금의 펠멜 거리가 되었어요.

거리를 실내로

세계 최초의 쇼핑몰은 미국 미네소타주 에디나에 있는 '사우스데일 센터'예요. 1956년에 문을 열었는데, 이 건물을 설계한 빅터 그루언은 자동차가 다니지 않는 유럽 중심가의 모습을 실내로 옮겨 놓고자 했어요.

어마어마한 쇼핑몰

세계에서 가장 거대한 쇼핑몰은 이란의 수도 테헤란에 있는 '이란 몰'이에요. 축구장 200개 크기의 넓은 땅에 세워진 7층짜리 건물이에요.

후끈한 쇼핑몰

이탈리아 나폴리 인근에 위치한 '불카노 부오노'는 잔디 덮인 언덕 안에 거대한 화산처럼 얕게 자리 잡고 있어요. '불카노 부오노'는 좋은 화산이라는 뜻으로, 근처에 있는 베수비오산과 대비되게 지은 이름이에요. 베수비오산은 여전히 활동 중인 화산으로 고대 로마의 도시 폼페이를 멸망시킨 것으로 유명해요.

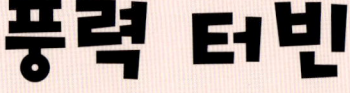

뭐니 뭐니 해도 집이 최고!

신기한 세상

코끼리 몸속에서 멋진 하루 보내기? 화장실 모양 건물에서 문화 체험하기? 세계에서 가장 특이한 건물들을 소개합니다!

폴란드 심바르크에 있는 **거꾸로 뒤집힌 집**은 최고의 관광 명소예요. 지붕에 있는 창을 통해 집 안으로 들어간답니다!

미국 펜실베이니아주에 있는 **헤인즈 신발 집**은 자기 신발 가게를 널리 알리고 싶었던 신발 판매원이 지었어요. 집 안으로 들어가기 전에 발을 잘 닦으세요!

루시는 콘크리트로 만든 거대한 코끼리예요. 미국 뉴저지주에 있는데 호텔로 쓰이고 있지요. 코끼리 몸속에서 자면 어떤 느낌일까요?

이 집은 레바논 미지아라에 있어요. 세계에서 가장 큰 여객기인 **에어버스 A380**의 모양과 크기 그대로 지었지요. 여기서 자면 비행기를 타고 꿈나라로 가게 될까요?

이 집 지붕에는 유리 섬유로 만든 거대한 **상어**가 거꾸로 꽂혀 있어요. 영국 옥스퍼드에 있답니다.

경기도 수원에는 변기 모양으로 지은 화장실 문화 박물관 **해우재**가 있어요. 이곳에서는 다양한 화장실 문화를 체험하고 똥에 대해 알 수 있지요. 건물 밖에는 거대한 황금색 똥 모양 조각품도 있어요. 나올 때 손 깨끗이 씻는 것 잊지 마세요!

CHAPTER 2
교통수단

인간은 20만 년 동안 움직이며 살아왔어요. 처음에는 두 다리로 걸어 다녔고, 그다음에는 물과 말, 바퀴, 날개를 이용해 이동했지요. 여기에서는 깨끗하면서 친환경적인 이동 수단들의 시작과 거기에 얽힌 뒷이야기를 알아볼 거예요. 그러니까 부지런히 움직여 보자고요! 먼저 '안전제일'이라는 말이랑 관련된 이야기로 시작해 볼게요!

세계 최초의 속도 제한

1865년, 영국은 자동차가 시내에서 **시속 3.2킬로미터** 이상 달리지 못하게 제한했어요. 그리고 붉은 깃발을 들고 자동차 앞에서 걸어가며 조심하라고 신호를 보내는 사람이 꼭 있어야 했지요.

최초의 아이 안전의자

자동차에 설치하는 현대식 **아이 안전의자**는 직장인이자 엄마였던 영국의 진 제리 에임스가 1962년에 발명했어요. 어린 아들이 차에서 안전하길 바랐거든요.

사고를 가장 많이 경험한 운전자

'하이브리드 3'은 자동차 충돌 시험용 인형으로 1976년에 처음 나왔어요.

자동차를 만드는 전 세계 회사들은 '하이브리드 3'을 애용했어요. 똑바로 세우면 키가 1미터 75센티미터지요.

안전을 위한 특별한 폭발

요즘 나오는 자동차에는 대부분 강력한 폭발물이 실려 있어요! 무섭다고요?

바로 에어백이에요. 자동차가 충돌하면 순식간에 폭발물이 터지면서 질소 가스를 내뿜어 에어백을 부풀리거든요.

자전거

안 보면 손해! 별난 자전거들!

외계인 자전거

세계에서 가장 유명한 자전거는 1982년 블록버스터 가족 영화 〈이티〉에 나온 비엠엑스예요. 달을 가로지르면서 밤하늘을 날아가는 모습이 정말 딴 세상 자전거처럼 멋졌어요!

새야, 자전거야?

비엠엑스 프리스타일은 2020년부터 올림픽 종목이 됐어요. 선수들은 자전거를 탄 채로 아슬아슬한 여러 묘기를 펼쳐요. 자전거를 타고 공중으로 점프해 360도 돌거나 슈퍼맨처럼 두 팔을 쭉 뻗는 기술도 있어요.

알 모양의 자전거

네덜란드의 사이클 선수 세바스티안 보비어는 2013년에 공기 저항을 최소화하기 위해 특수 제작한 유선형 자전거를 타고 세계 신기록을 세웠어요. 무려 시속 133킬로미터의 속도로 달렸답니다.

페달을 밟아? 우린 돌려!

핸드사이클은 팔로 페달을 움직이는 사람들을 위해 만든 세발자전거예요. 핸드사이클의 초기 모델은 약 400년 전인 1655년에 만들어졌대요. 놀랍죠?

탄환 열차

안 보면 손해! 신칸센 이모저모

닥터 옐로!
신칸센 철로를 다니면서 안전 점검을 하는 특별한 열차가 있어요. 바나나처럼 노란색이라 '닥터 옐로'라고 불러요. 일본에서는 이 열차를 보면 행운이 온다고 믿어요!

초고속 음식
배고픈 승객들을 위해 기차역에서 '닥터 옐로' 모양으로 생긴 도시락을 팔아요!

너로구나, 엘제로(LO)!
엘제로는 현재 시험 중인 신칸센의 자기 부상 열차예요. 2015년에 시속 603킬로미터로 세계에서 가장 빠른 열차 신기록을 세웠어요.

알록달록 신칸센!
신칸센은 대부분 흰색이지만, 지역 특색을 살려 특별한 색으로 칠한 열차들도 있어요. 그중에는 일본 만화 영화 주인공인 헬로 키티를 주제로 삼아 분홍색과 흰색으로 치장한 엄청 귀여운 열차도 있답니다.

전기차

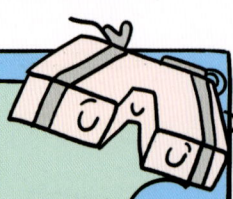

안 보면 손해!
오늘날의 전기차

달과 자동차
혹시 달에 전기차가 3대나 있다는 사실을 알고 있나요? 1970년대 초 미국의 '아폴로' 달 탐사 때 달 표면을 달리던 월면차 3대를 달에 남겨 두고 왔거든요.

우주로 간 전기차
테슬라는 세계에서 가장 많이 팔리는 전기차 브랜드예요. 2018년, 테슬라의 최고 경영자 일론 머스크는 자체 개발한 로켓을 발사하면서 테슬라의 전기차를 실어 보냈어요. 전기차에는 우주복을 입은 마네킹이 앉아 있어서 자동차를 타고 우주 여행을 하는 듯한 모습이지요.

인기 만점 전기차!
20세기를 통틀어 가장 많이 판매된 전기차는 새벽에 우유를 배달할 때 사용하는 소형 전기 자동차예요. 조용한 모터 덕분에 잠자는 사람들이 깰까 봐 걱정할 필요가 없었거든요. 쉿!

번개처럼 위이잉!
세계에서 가장 빠른 전기차는 미국 오하이오 주립 대학 학생들이 만든 '벅아이 불릿 3'이에요. 2016년에 시속 549킬로미터를 기록했지요. 오하이오주의 자동차 제한 속도보다 약 5배나 빨라요.

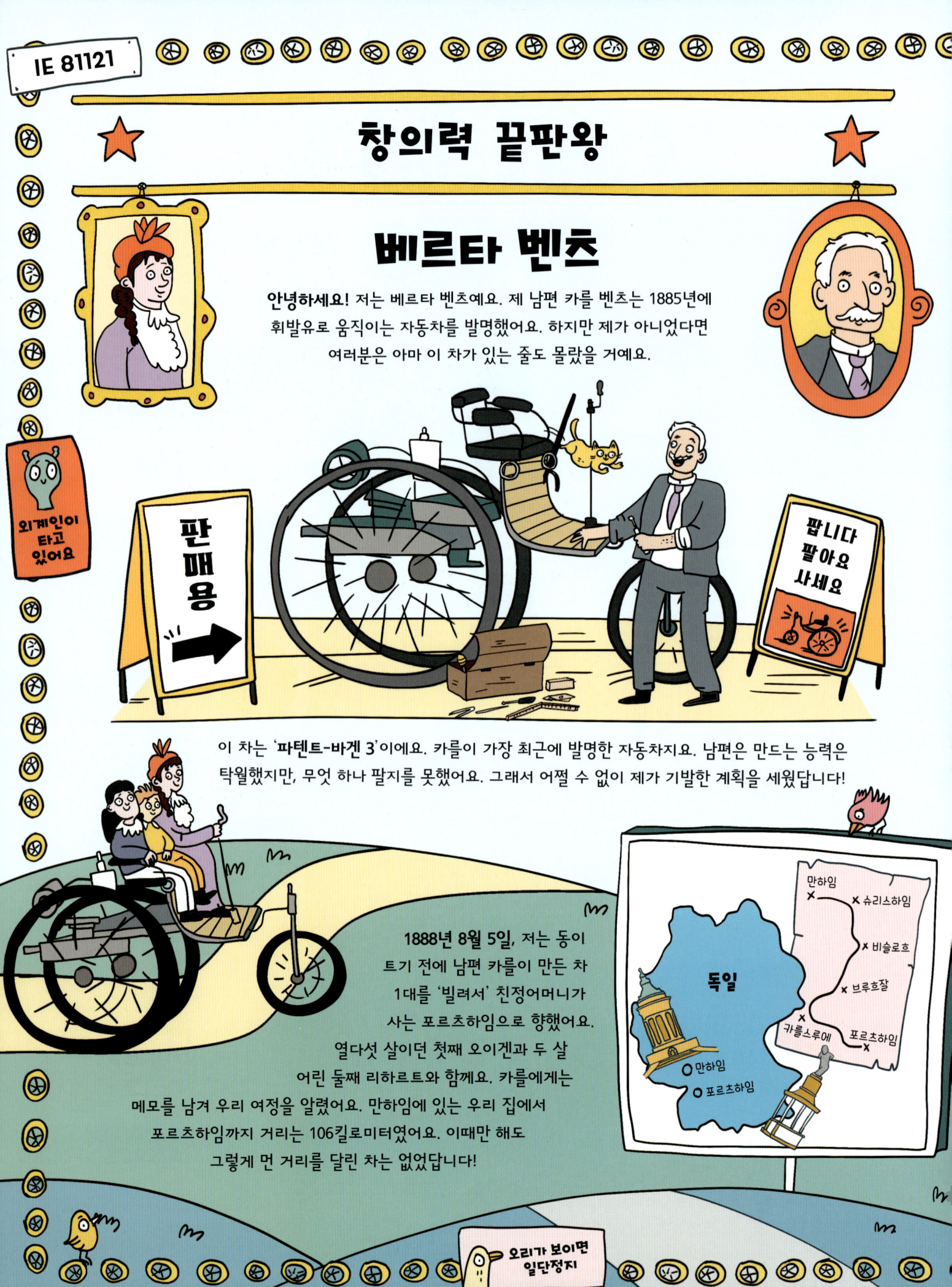

드론

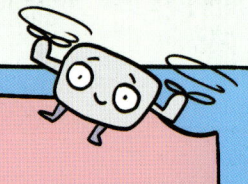

반가워! 나는 드론이야. 드론은 먼 거리에서도 무선 전파로 움직일 수 있는 작은 헬리콥터야.

우우우웅!

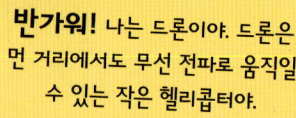

우우우웅!

'드론'이라는 말은 최근에 생겼지만, 헬리콥터의 역사는 짧지 않아!

고대 중국 사람들은 막대에 깃털을 달아서 하늘로 날렸어. 깃털이 회전 날개 역할을 하거든.

응! 그럼 하늘로 휙 날아올라!

두 손 사이에 넣고 비벼서 돌리면 돼?

이탈리아의 레오나르도 다빈치는 1480년대에 새의 움직임과 나사못의 원리에서 실마리를 잡아 '나선형 날개'를 설계했어. 하지만 끝내 하늘을 날지는 못했지.

어휴! 당신은 뭘 보고 웃는 거요?

이후 사람들은 몇 세기 동안 회전 날개로 나는 기계를 만들려고 여러 시도를 했지만 하나도 성공하지 못했어. 그러다 1861년에 프랑스 발명가 귀스타브 다메쿠르가 헬리콥터의 초기 모델을 만들게 되었지.

나는 나선형을 뜻하는 영어 '헬리코'와 날개를 뜻하는 그리스어 '프터'를 결합해 '헬리콥터'라는 말을 만들었어요.

헬리코 + 프터

1907년, 또 다른 프랑스 발명가 루이 샤를 브레게는 헬리콥터에 사람을 태우고 나는 데 성공했어. 땅에서 겨우 60센티미터 올라갔을 뿐이지만!

60센티미터라도 대단한 거야.

빙글빙글!

흔들흔들!

60센티미터

루이 샤를 브레게가 발명한 기계는 나처럼 회전 날개가 4개 있는 쿼드콥터였어.

어때, 내가 얼마나 대단한지 알겠지?

위이이잉!

위이이잉!!

그 뒤로 더 크고 더 잘 날아가는 헬리콥터들이 속속 등장했어.

현재 세계에서 가장 큰 헬리콥터는 '밀 Mi-26'이야. 길이가 40미터나 되지. 크고 무거운 아프리카코끼리 3마리 정도는 번쩍 들고 날 수 있어.

푸다다다다!

배터리로 움직이는 작고 실용적인 드론은 1990년대에 선보였어. 지금 나랑 친구들은 아주 많은 일을 하고 있단다.

위이이잉!

산 지도 만들기

위이이잉!

영화 찍기

위이이잉! 촤아악!

불 끄기

위이이잉! 사람 살려!

사람 구하기

위이이잉!

내가 말했지? 드론의 조상인 헬리콥터의 역사는 짧지 않다고! 나는 이제 고층 건물을 살펴보러 가야 해. **안녕!**

안 보면 손해! 드론 세상

우주 시대의 경주
드론 경주는 정해진 길을 따라 드론을 날리면서 속도를 다투는 스포츠예요. 가상 현실 헤드셋을 쓰고 카메라가 달린 드론을 운전하면 실제로 조종석에 앉아 있는 것처럼 느껴진답니다!

드론 소식지

화성에서 이륙
2021년 4월, '인제뉴어티'는 화성 표면에서 이륙한 최초의 항공기가 되었어요. 인제뉴어티는 미국 항공 우주국인 나사가 생명체의 흔적을 찾기 위해 화성으로 보낸 탐사용 드론이에요.

특별 배달
미래에는 드론이 온갖 상품, 음식, 의약품 등을 집까지 배달해 줄 거예요. 몇몇 대기업이 시험 비행을 마쳤지만, 아직은 해결해야 할 안전 문제가 많이 남아 있어요.

하늘의 눈
드론은 멸종 위기 동물을 추적하거나 밀렵꾼을 감시할 수 있어서 동물 보호에 도움이 돼요. 하지만 코끼리는 보이지 않는 곳에서 들려오는 드론 소리를 무척 싫어한답니다.

각양각색 특이한 탈것!

신기한 세상

오늘은 학교에 어떻게 갔다왔나요? 버스? 자전거? 걸어서? 세상에는 재미있고 독특한 교통수단이 많아요. 그 가운데 몇 가지를 소개해 볼게요.

코코 택시는 쿠바 수도 아바나에서 인기 있는 교통수단이에요. 코코넛처럼 생겨서 코코 택시로 불려요.

과테말라에 가면 화려하게 색칠한 **치킨 버스**를 볼 수 있어요. 치킨 버스에는 닭으로 가득한 닭장처럼 사람들이 바글바글해요.

캄보디아에는 택시처럼 아무 데서나 타고 내릴 수 있는 작은 **대나무 열차**가 있어요. 이 열차는 모터로 움직여요.

태국의 **툭툭 택시**는 화려한 색으로 칠해져 있어서 눈에 잘 띄어요. 모터에서 나는 소리 때문에 툭툭 택시라고 불리게 되었지요.

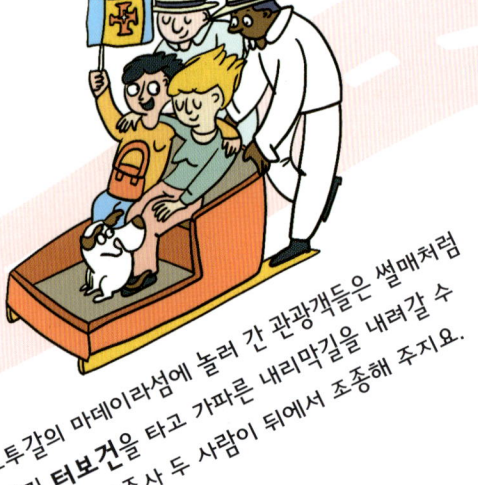

포르투갈의 마데이라섬에 놀러 간 관광객들은 썰매처럼 생긴 **터보건**을 타고 가파른 내리막길을 내려갈 수 있어요. 조종사 두 사람이 뒤에서 조종해 주지요.

호버크라프트는 배 밑바닥에서 세차게 나오는 바람으로 선체를 띄우는 공기 부양선이에요. 타면 공중에 뜬 것 같아요. 영국에 가면 본토와 와이트섬을 오가는 호버크라프트를 탈 수 있어요.

CHAPTER 3
가정용 발명품

아마 최초의 가정용 발명품은 모닥불이었을 거예요. 요즘은 전자레인지로 순식간에 음식을 데우지만, 모닥불처럼 포근함을 느낄 수는 없어요. 여기에서는 흔히 가정에서 볼 수 있는 여러 편리한 도구와 기기의 시작들을 살펴볼 거예요. 반려동물을 위한 다양한 용품들도요! 공상 과학 소설에 나올 법한 발명품들도 있답니다!

가장 분노한 발명가

1886년, 미국 일리노이주에 사는 조세핀 코크런은 물을 뿌려 접시를 닦는 **식기세척기**를 발명했어요. 매일 반복되는 설거지에 넌더리가 나다 못해 잔뜩 화가 났거든요!

가장 알려지지 않은 발명가

진공청소기는 제임스 스팽글러가 1907년에 발명했어요. 하지만 나중에 특허권을 윌리엄 헨리 후버에게 팔았어요. 그래서 진공청소기 하면 대부분 후버를 떠올리고 스팽글러는 누구인지 몰라요.

가장 안전한 집

집 보안 시스템은 미국 뉴욕시의 간호사 마리 반 브리탄 브라운이 발명했어요. 밤에 혼자 집에 돌아와 지내기가 무서워 집 안팎에 카메라를 달면서 시작되었지요.

쓸데없이 부지런하고 예민한 발명품

가상 비서는 인터넷에 연결되어 있기만 하면 24시간 내내 명령에 귀를 기울여요. 2018년에 앵무새 '로코'는 가상 비서 덕분에 수박과 아이스크림, 연을 주문해 받았답니다.

수세식 화장실

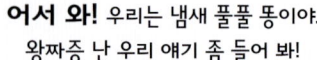

안 보면 손해!
앉아서 볼일 보기

태양계에서 가장 비싼 화장실

태양계에서 가장 비싼 화장실은 국제 우주 정거장에 있어요. 이 화장실을 개발하는 데만 6년이라는 시간과 2천 3백만 달러(약 320억)가 들었어요. 이 화장실은 물이 아닌 빙글빙글 도는 팬을 사용해 안에 있는 변을 빨아들여요.

휘황찬란한 화장실

지구에서 제일 값비싼 화장실은 홍콩의 귀금속 판매업체 항펑이 만든 황금 화장실이에요. 순금으로 만든 이 화장실의 가치는 약 500만 달러나 돼요. 하지만 실제로 볼일을 보는 것은 누구한테도 허락하지 않았답니다.

맛집일까? 똥 집일까?

대만의 타이베이에는 화장실을 주제로 만든 레스토랑 '모던 토일렛'이 있어요. 손님들은 변기에 앉아 변기 모양 그릇에 담긴 음식을 먹어요. 똥 모양 푸딩도 있지요. 왝!

심오한 예술의 세계

프랑스 초현실주의 예술가 마르셀 뒤샹의 작품 '샘'은 시중에서 파는 남성 소변기를 뒤집은 뒤 'R MUTT 1917'라고 써 놓았어요. 전문가들은 '샘'을 현대 미술에서 가장 중요한 작품으로 손꼽아요!

35

창의력 끝판왕

퍼시 스펜서

안녕하세요! 저는 미국의 기술자이자 발명가인 퍼시 스펜서예요. 제 이름은 들어 본 적이 없을 수도 있지만, 제가 만든 가장 유명한 발명품은 틀림없이 들어 봤을 거고 어쩌면 오늘도 사용했을 거예요. 바로 **전자레인지**랍니다!

띵!

전자레인지 발명은 그야말로 행운이었어요. 하지만 제 어린 시절은 행운과는 거리가 멀었어요. 겨우 열두 살 때 학교를 그만두고 일을 해야 했거든요. 몇 년 뒤 저는 미국 해군에 입대했고, 그곳에서 바다의 물결뿐만 아니라 전기의 물결이라고 할 수 있는 **전자기파**에 대해 많은 것을 배우고 알게 되었죠!

저는 2차 세계 대전 때 전쟁에 필요한 물건을 만드는 큰 군수업체에서 일했어요. 그곳에서 마그네트론을 개발하고 만들었지요. 마그네트론은 눈에 보이지 않는 전자기파인 마이크로파를 만드는 기기예요. 어느 날, 마그네트론으로 실험하는데, 따뜻한 기운이 느껴졌어요.

주머니에 손을 넣어 보니 초콜릿이 녹아 있었어요. 생각해 보니 그건 연구실이 더워서가 아니라 마그네트론에서 나온 마이크로파 때문인 것 같았지요. 순간 머릿속에 아이디어가 반짝 떠올랐고, 저는 옥수수 한 봉지로 실험을 했어요. 그러자 옥수수가 팝콘이 되어 나오지 뭐예요! 톡톡톡!

그다음에는 날달걀에 마이크로파를 쏘아 보았어요. 마이크로파에 뜨겁게 달구어진 달걀은 얼마 뒤 퍽! 하고 터지며 사방팔방으로 튀었지요. 그 바람에 제 동료는 얼굴에 온통 달걀을 뒤집어썼답니다. 맙소사!

저는 그 뒤로도 여러 실험을 한 끝에 가정용 전자레인지를 만들기 시작했어요. 그리고 1947년, 첫 제품 **레이더레인지**를 내놓았지요. 그런데 높이가 2미터나 되는 데가, 가격도 너무 비싸서 달랑 1대만 팔렸을 뿐이에요!

하지만 얼마 지나지 않아 크기도 작아지고 가격도 싸졌어요. 요즈음에는 많은 가정에 전자레인지가 있어요. 전자레인지는 눈에 보이지 않는 마이크로파로 음식 속 물 분자를 아주 빠르게 진동시켜서 음식을 데우기 때문에 안전하고 효율적인 조리 방식으로 자리 잡았어요. 더 얘기하고 싶지만 이제 시간이 다 됐네요. 띵!

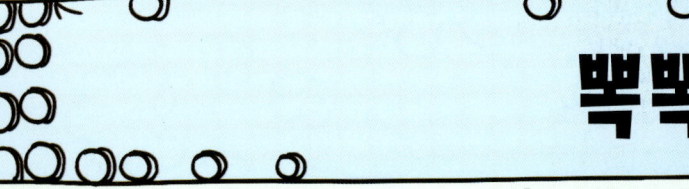

안 보면 손해!
뽁뽁이 스타

황금 뽁뽁이
'실드에어'는 뽁뽁이를 발명한 두 사람이 세운 회사예요. 2010년에 창립 50주년을 맞아 기념으로 한정판 황금색 뽁뽁이를 출시했어요.

팝아티스트
미국 예술가 브래들리 하트는 커다란 뽁뽁이에 물감을 집어넣어 명작 그림들을 재해석하거나 새로 그림을 그리는 것으로 유명해요.

사랑스러운 공기 주머니
요즘에는 뽁뽁이의 공기 주머니 모양과 크기가 다양해요. 웃는 얼굴과 하트 모양도 있답니다!

무한 뽁뽁이
'무한 뽁뽁이'는 뽁뽁이의 공기 주머니가 터질 때 나는 소리와 느낌을 그대로 재현한 장난감이에요. 뽁뽁이를 터뜨리는 재미를 끝없이 느낄 수 있도록 일본에서 만들었어요. 

비닐은 그만!
뽁뽁이를 재활용 쓰레기로 버릴 수도 있지만, 가장 좋은 방법은 가지고 있다가 다시 사용하는 거예요. 요즘에는 옥수수와 버섯으로 만들어 생분해되는 포장재 등 비닐 뽁뽁이를 대신할 수 있는 친환경 완충재도 많이 있어요.

안 보면 손해!
개 팔자가 상팔자

길게 또 짧게
1908년, 미국 뉴욕에 사는 메리 A. 딜레이니는 길이를 길거나 짧게 조절할 수 있는 '자동 목줄'을 발명했어요. 개들이 가로등 기둥만 보면 좋아서 난리를 치는 바람에 걸핏하면 목줄이 기둥에 뒤엉키는 게 아주 성가셨거든요.

비가 와도 괜찮아!
2003년, 역시 뉴욕에 사는 이리나 자단밀리건은 투명한 강아지 우산을 발명했어요. 이 우산 덕분에 비가 와도 반려동물이 비에 젖지 않게 되었지요. 물론 여러분의 반려견이 물웅덩이에서 마구 물장난을 친다면 어쩔 수 없는 일이지만요.

꽥꽥거리는 아이디어
오리 주둥이처럼 생긴 개 입마개가 일본에서 처음 등장했어요. 무는 버릇이 있는 개를 재미나고 친근한 미소를 짓는 오리로 변신시킬 수 있답니다.

귀가 너무 거치적대!
1980년, 미국 발명가 제임스 D. 윌리엄스는 동물 귀 보호대를 특허 등록했어요. 이 보호대는 귀가 긴 개들이 정신없이 무언가를 먹을 때마다 음식에 닿지 않도록 딱 잡아 주지요.

눈이 따가워!
미국의 사업가 로니 디룰로는 개 선글라스 '도글스'를 발명했어요. 반려견 '미드나이트'와 함께 눈부신 햇빛 아래에서 놀다가 아이디어를 떠올렸지요. 도글스는 보기에도 멋질 뿐만 아니라, 먼지와 모래로부터 눈을 보호해 주는 기능도 있어요. 당연히 시력이 약한 개들에게도 도움이 되지요.

41

위대한 우연들!

뽁뽁! 띵! 뽁뽁이와 전자레인지가 내는 소리는 다르지만, 두 물건의 발명이 우연한 발견에서 시작되었다는 점은 같아요. 지금부터는 우리가 집에서 사용하는 물건 가운데 우연히 발명된 것들을 살펴보기로 해요. 그중에는 유명한 장난감도 있어요!

붙였다 뗐다

1968년, 미국 화학자들이 초강력 접착제를 개발하다 접착력은 좀 떨어지지만 몇 번이나 다시 사용할 수 있는 풀을 우연히 만들게 되었어요. 그리고 5년 뒤에는 이 풀을 이용해 붙였다 뗐다 할 수 있는 종이를 만들었어요. 이 종이가 바로 **포스트잇**이에요. 연한 노란색이 포스트잇을 대표하는 색이 된 건 그때 마침 연구실에 노란색 종이가 많았기 때문이에요.

액체야, 고체야?

1943년, 스코틀랜드 화학자 제임스 라이트는 새로운 종류의 고무를 만들려고 여러 재료를 섞다가 우연히 **실리 퍼티**를 만들었어요. 실리 퍼티는 고무 공보다 더 통통 튀어 오르고 잡아당기면 죽죽 늘어나지만, 순간적으로 강한 힘을 받으면 단단해져요. 정말 독특하지요?

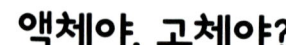

안전이 최우선

1849년, 미국 기계 공학자 월터 헌트는 우연히 **안전핀**을 발명하게 되었어요. 그는 빚을 어떻게 갚을까 고민하다 철사 한쪽 끝을 구부려 홈 안에 끼워 넣는 방법을 생각해 냈지요. 그는 한 회사에 400달러를 받고 이 아이디어를 팔았는데, 덕분에 그 회사는 수백만 달러를 벌었어요. 안전핀은 1970년대 펑크 음악 팬들 사이에서 패션 아이템으로 인기를 끌기도 했어요!

벽에서 미술로

1930년대에 미국에서 등장한 **플레이도**는 원래 벽지에 묻은 때를 닦는 데 쓰던 점토였어요. 그런데 유치원 선생님들이 플레이도가 안전하면서도 재미있는 미술 재료가 될 수 있겠다고 생각했지요. 그래서 여러 가지 밝은 색깔을 넣어 미술 재료로 다시 출시되었어요.

재주넘는 스프링

1943년 어느 날, 미국 해군 소속 기술자 리처드 제임스는 선반에 있던 스프링을 실수로 떨어뜨렸어요. 그런데 스프링이 마치 재주를 넘듯이 책들 위를 차례로 움직이더니 바닥으로 떨어졌지요. 제임스는 스프링 모양을 조금 바꿔서 장난감 스프링을 만들었고, 부인 베티가 사전에서 찾은 단어로 **슬링키**라는 이름을 붙여 주었어요.

CHAPTER 4
음식과 음료

마트에서 카트를 밀며 슬렁슬렁 돌아다니다 보면 수많은 음식과 음료가 있는 것을 당연하게 여기기 쉬워요. 하지만 얼마 전까지만 해도 우리 조상은 직접 밭에서 키운 과일과 채소만 먹을 수 있었어요. 고기를 얻으려면 매머드 떼와 싸워야 했고요. 오늘날 인간의 삶은 여러모로 편해졌어요. 여기에서는 우리가 즐겨 먹고 마시는 음식, 음료의 시작과 얽힌 뒷이야기 들을 곱씹어 볼 거예요.

많은 사람을 먹여 살리는 작물

주식은 많은 사람들이 식사로 먹는 음식을 말해요. 옥수수는 쌀, 밀과 함께 주식으로 **가장 많이 먹는** 작물이에요. 지금의 멕시코 땅에 살았던 마야 사람들은 옥수수를 신이 죽어 다시 태어난 신성한 작물이라 여겼어요. 자, 이제 여러분도 콘플레이크를 먹을 때 살짝 경의를 표해 보면 어떨까요?

세계에서 가장 오래된 음식

5,500년 전에 만든 점토 단지가 유럽 조지아 땅속에서 발견되었어요. 안에는 꿀이 담겨 있었지요. 기원전 1323년에 죽은 이집트의 파라오 투탕카멘의 무덤에도 꿀단지가 있었어요. 과연 이 꿀단지 속에 담긴 꿀은 먹어도 될까요?

세계에서 가장 무거운 순무

2021년 2월, 캐나다에 사는 다미앵 알라르는 무게가 **29킬로그램**이나 되는 어마어마한 순무를 수확했어요. 하지만 다행히도 옛이야기에서처럼 쥐의 도움을 받아 캐지는 않았답니다.

세계에서 냄새가 가장 고약한 과일

껍질이 뾰족뾰족한 아시아 열대 과일 **두리안**은 '천국의 맛과 지옥의 냄새'로 유명해요. 싱가포르에서는 악취 때문에 두리안을 가지고 버스나 지하철, 기차 같은 대중교통에 타는 일이 금지되어 있어요.

햄버거

안 보면 손해! 이런저런 햄버거

고기 대신 콩으로

1982년, 요리사 그레고리 샘스는 개발한 베지버거에 고기를 넣지 않았어요. 대신 콩과 견과류로 고기 맛을 흉내 낸 패티를 넣었답니다. 샘스는 어렸을 때부터 고기를 먹지 않았어요. 그래서 고기 맛을 제대로 내는 데 꽤 많은 시간이 걸렸어요!

부르기 좋게 바꿔 바꿔!

세계적인 햄버거 프랜차이즈 맥도날드의 대표 메뉴는 1967년에 미국에서 처음 선보였던 빅맥이에요. 원래 이름은 '귀족'이라는 뜻인 '디 어리스토크래트'였지요. 그런데 발음이 어렵다는 손님들의 의견이 많아서 곧 이름을 부르기 쉽게 바꾸었어요.

소고기 대신 닭고기

인도에서는 소고기 대신 닭고기를 넣은 버거 '마하라자 맥'을 팔아요. 인도에서는 소를 신성시하기 때문에 소고기를 먹지 않는 사람들이 많거든요. 아예 고기 대신 감자와 콩만 넣은 매콤한 '티끼 버거'도 있어요.

빨간 머리 웬디

햄버거 프랜차이즈 '웬디스'의 이름은 회사를 세운 데이브 토머스의 넷째 딸에게서 따왔어요. 딸의 실제 이름은 멀린다였지만, 집에서는 웬디라고 불렀거든요. 여러분도 멀린다를 알 거예요. 회사 로고에 있는 빨간 머리 소녀가 바로 멀린다니까요.

버거 트럭

세계에서 가장 조그만 버거 트럭은 영국의 발명가 야닉 리드가 자신의 세 아이 올리브와 버티, 노아를 위해 만들었어요. 차 길이가 1미터 60센티미터밖에 안 되지만, 4분의 1 크기 정도의 작은 버거는 거뜬히 만들어 줄 수 있지요.

아는 것도 힘, 먹는 것도 힘

맥도날드는 세계 곳곳에서 '햄버거학' 학위를 딸 수 있는 햄버거 대학을 운영하고 있어요.

안 보면 손해!
빨대부터 보트까지

최초의 빨대
최초의 빨대는 풀 줄기였어요. 속이 비어 있는 풀대 안쪽 통로를 통해 음료를 빨아 마실 수 있었지요. 1888년, 미국인 마빈 C. 스톤이 종이를 말아 만든 빨대를 발명했어요. 음료를 마실 때 풀 맛이 나는 게 너무 싫었거든요.

프리드먼처럼 유연하게
구부러지는 빨대는 1937년에 발명되었어요. 미국인 조셉 B. 프리드먼은 계산대에 앉아 있다가 어린 딸 주디스가 곧은 빨대를 사용하느라 애를 먹는 모습을 보고는 궁리 끝에 관절처럼 구부러지는 빨대를 생각해 냈어요.

올록볼록 콜라병?
코카콜라 병은 독특한 곡선미로 유명해요. 경쟁 제품 사이에서도 한눈에 들어오고 어두운 곳에서 만져도 코카콜라 병이라는 걸 알 수 있도록 1915년에 만들어졌어요. 세계에서 제일 큰 콜라병은 미국 네바다주 라스베이거스의 한 쇼핑몰 밖에 있어요. 높이가 무려 30미터랍니다!

잠깐! 버리기 전에 한번만 더
페트병을 쓰레기통에 버리면 불에 태우거나 땅에 묻게 돼요. 하지만 분리수거를 하면 새로운 페트병이나 옷을 만드는 데 쓰이지요. 페트병 10개면 티셔츠 하나를 만들 수 있어요. 지금 바로 지구를 구하는 일에 동참해 보아요.

페트병으로 만든 배
2014년, 체코에 사는 야쿠프 버레스와 얀 카라는 플라스틱이 환경에 미치는 악영향을 알리고 싶었어요. 그래서 탄산음료 페트병 5만 개로 보트를 만들어 엘베강을 따라 850킬로미터를 항해하는 데 성공했어요.

창의력 끝판왕

안도 모모후쿠

안녕하세요! 저는 일본 기업인이자 발명가 안도 모모후쿠입니다. 저는 1958년에 세계 최초로 즉석 라면을 발명했어요. 즉석 라면은 누구나 쉽고 빠르게 먹을 수 있는 간편식이에요. 제가 만든 라면은 나오자마자 인기가 폭발했답니다.

일본은 2차 세계 대전이 끝나고 몇 년이 지난 뒤에도 여전히 먹을거리가 부족했어요. 시간과 돈이 있어도 맛있는 국수 한 그릇을 먹으려면 몇 시간이나 줄을 서야 했지요. 그래서 저는 '더 빨리 먹을 수 있는 음식이 없을까?' 고민했습니다.

좋은 생각이 떠오르기까지는 몇 달이 걸렸어요. 저는 집 뒷마당에 있는 작은 나무 헛간에서 매일 연구에 몰두한 끝에 새로운 면을 만들었어요. 그런데 이번에는 '어떻게 하면 더 빨리 요리할 수 있을까?' 하는 고민에 빠졌어요.

그러던 어느 날, 아내가 바삭하고 맛있는 간식을 만들기 위해 튀김 반죽을 뜨거운 기름에 넣어 튀기고 있었어요. 저는 그 모습을 지켜보다가 드디어 해결책을 찾았어요. '바로 저거야! 면을 뜨거운 기름에 튀긴 다음 건조시키면 되겠어!' 모두 아내 덕분이었지요.

기름에 튀기면 면발에 빈틈이 생겨요. 그 틈으로 뜨거운 물이 들어가면 더 빠르고 부드럽게 면을 익힐 수 있어요. 1958년 8월, 드디어 세계 최초의 라면이 출시되었어요. **치킨 라면** 봉지 안에는 건조한 면과 라면 스프가 들어 있었어요. 치킨 라면은 제가 특히 좋아하는 라면이에요!

사람들은 라면을 좋아했고 저의 사업은 번창했어요. 그러던 어느 날, 새로운 아이디어가 번쩍 떠올랐어요. 컵 모양 일회용 용기에 뜨거운 물을 부은 다음 3분만 기다리면 먹을 수 있는 라면을 생각해 낸 거예요! 그렇게 1971년에 **컵라면이 탄생했답니다!**

현재 매년 약 **1,000억** 개의 컵라면이 팔리고 있어요. 2005년에는 일본 우주비행사가 우주 왕복선에서 우주용으로 특별히 만든 컵라면을 먹었어요. 제 라면이 탄환 열차보다 더 훌륭한 발명이라고까지 말하는 사람들도 있어요. 글쎄요, 적어도 탄환 열차 속도 못지않게 빨리 만들어 먹을 수 있긴 하지요!

49

감자칩

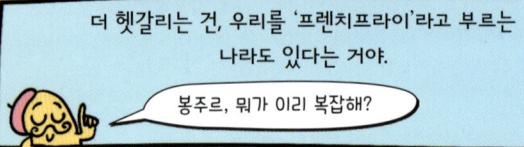

안 보면 손해!
바삭 바사삭

가스로 빵빵하게!
요즘은 감자칩 봉지에 공기 대신 질소를 넣어요. 공기 중에 있는 산소와 과자가 닿으면 눅눅해지고 맛도 없어지거든요.

커도 너무 커!
2013년, 영국의 한 회사가 세계에서 가장 큰 감자칩을 내놓았어요. 2층 건물보다 큰 이 감자칩 봉지에는 보통 크기 감자칩 봉지가 무려 4만 개나 들어갈 수 있어요.

감자칩 모양
감자칩 모양은 똑같지 않아요. 모양이 특이한 감자칩은 온라인 경매에 나오기도 하지요. 하트 모양은 250파운드가 넘는 가격에 팔린 적도 있어요.

소리와 맛
과학자들에 따르면 감자칩을 먹는 즐거움에는 바사삭하는 소리도 한몫한다고 해요. 그래서 헤드폰을 쓰고 감자칩을 먹으면 덜 먹거나 아예 안 먹을 수도 있대요.

대표 감자칩
소금 간을 한 짭짤한 맛은 전 세계에서 가장 사랑받는 감자칩의 대표 격인 맛이에요. 오이 맛과 김 맛은 중국과 일본에서 인기가 높아요.

51

유래가 남다른 음식 이름

신기한 세상

새로운 음식에 이름을 붙일 때는 개발한 사람이나 유명한 사람의 이름을 쓰기도 해요. 자기 이름이 특별한 음식에 쓰이면 기분이 얼마나 좋을까요?

샌드위치

이 음식은 영국의 항구도시인 **샌드위치** 마을의 백작에서 시작되었어요. 샌드위치의 4대 백작 존 몬터규는 식사 때문에 게임을 멈추고 싶지 않았어요. 그래서 하인에게 얇게 썬 빵 사이에 고기와 채소를 넣어 가져오라고 했고, 다른 일행들도 같은 걸로 주문했어요. 이것이 바로 샌드위치의 시작이었어요.

팝시클

1905년, 미국 소년 프랭크 에퍼슨은 음료수를 만들다 깜박하고 밖에 둔 채 잠들었어요. 음료를 젓던 막대를 꽂아 둔 채로요. 이튿날 아침, 음료는 추운 날씨 탓에 얼어붙어 막대 아이스크림이 되어 있었지요. 에퍼슨은 이 막대 아이스크림을 자신의 성과 고드름을 뜻하는 아이시클을 합쳐 '엡시클'이라고 불렀어요. 에퍼슨은 아빠가 만들어 준 아이스크림이라는 뜻에서 '팝시클'로 바꾸었고, 막대 아이스크림을 대표하는 브랜드가 되었어요.

여왕과 피자

1889년 사보이의 **마르게리타 여왕**이 이탈리아 나폴리를 방문했을 때, 나폴리 최고의 요리사가 여왕을 위해 특별한 피자를 만들었어요. 빨간색 토마토와 흰색 모차렐라 치즈, 초록색 바질 등 이탈리아 국기에 들어 있는 색깔의 재료를 넣어 만든 피자였지요. 여왕이 피자를 너무나 맛있게 먹고 가자, 그 뒤로 이 피자는 '마르게리타 피자'라고 불리게 됐어요.

사과와 컴퓨터

애플의 '매킨토시' 컴퓨터는 사과 품종 가운데 하나인 **'매킨토시 애플'**에서 이름을 따왔어요! 1979년, 설립한 지 얼마 되지 않은 애플에서 일하고 있던 제프 래스킨은 애플이 만든 첫 컴퓨터 이름으로 자신이 좋아하는 과일의 이름을 붙였어요.

가자, 멕시코로!

멕시코 음식 나초는 개발자 이그나시오 아나야의 애칭인 **'나초'**에서 이름을 따왔어요. 1940년, 그는 미국 국경 가까이에 있는 한 클럽을 찾은 손님들에게 간편하게 먹을 수 있는 간식을 생각해 내 대접했어요. 토르티야를 치즈로 덮고 고추를 장식으로 올린 다음 치즈가 녹도록 살짝 구운 음식이었지요.

CHAPTER 5
입고 신고 쓰고

인간은 아마도 수만 년 전부터 아침에 눈을 뜨면 어떤 옷을 입을지 고민해 왔을 거예요. 처음에는 짐승의 털과 가죽 그리고 나무껍질로 옷을 만들어 입었어요. 오늘날에는 나일론과 폴리에스테르 같은 합성 섬유로 옷을 만들어요. 그래서 유행이 바뀌면 쉽게 버릴 정도로 값싼 옷들도 많아요. 이제부터는 우리가 매일매일 입고 신고 쓰는 모든 것과 첨단 옷의 시작들에 대해 살펴볼 거예요. 먼저, 의복의 역사와 관련된 몇 가지 사실부터 알아볼까요?

세계에서 가장 오래된 양말

밝은 빨간색 털실로 짠 이 양말은 약 **1,700년** 전 이집트에서 처음 만들어졌어요. 양말 앞코가 바닷가재 집게발처럼 생겼기 때문에 발가락 사이에 끈을 끼우는 샌들을 신을 때도 불편하지 않아요.

생애 최초의 패션 물품

많은 사람들이 태어나 처음으로 입게 되는 건 아마도 **일회용 기저귀**일 거예요! 일회용 기저귀는 1940년대에 미국 발명가 마리온 도너번이 생각해 냈어요. 하지만 친환경 제품에 관심이 높아지면서 몇 번이고 빨아 다시 쓸 수 있는 천 기저귀가 새삼 주목받고 있어요.

불에 가장 잘 견디는 섬유

1965년, 미국 화학자 스테파니 퀄렉은 열에 잘 견디고 쉽게 찢어지지 않는 초강력 섬유 **케블라**를 발명했어요. 소방관이 케블라로 만든 옷을 입으면 불길 속에서도 걸어 다닐 수 있어요!

가장 비싼 옷

미국 항공 우주국에서는 약 **5억 달러**나 들여 새 우주복을 개발하고 있어요! 이렇게 어마어마한 비용이 들어가는 최첨단 우주복이지만, 입을 땐 반드시 특수 제작한 커다란 기저귀를 차야 해요! 화장실에 가려고 우주에서 우주복을 벗을 수는 없으니까요.

53

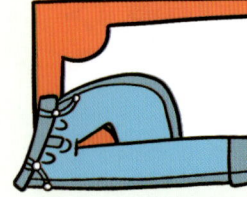 

데님 청바지

안녕! 나는 청바지야!
내 이야기 한번 들어 볼래?

분명 아주 재미있을 거야. 귀가 쫑긋해질걸!
그럼, 그럼!
맞아!

이야기는 수백 년 전 유럽에서부터 시작해!
이탈리아 제노바에서는 프랑스어로 '블루 드 젠'이라 불렀던 파란색 면포를 만들었어.
제노바
프랑스 도시 님에서도 '세르주 드 님'이라는 비슷한 면포를 만들었지.
님

면직물 이름이자 청바지 재료인 데님은 바로 '드 님'에서 유래했어.
그리고 청바지의 다른 이름인 '블루진'은 '블루 드 젠'에서 유래했지.
그런 거였어? 재미있네.

이제부터 1871년 미국 네바다주 리노에 살았던 재단사 제이컵 W. 데이비스의 이야기를 해 볼게.
나는 거친 서부에서 일하는 사람들을 위해 질기고 튼튼한 옷을 만들죠!

어느 날, 그는 작업복 바지에 주머니를 달고 튼튼한 구리 리벳을 박아 보았어.
여기 주머니 이음새에 박힌 작은 금속 못이 바로 리벳이야!

작업복에 튼튼한 주머니가 달리자 불티나게 팔렸어. 특히 데님으로 만든 바지가 인기였어.
이 주머니가 나한테는 돈주머니가 되었죠.

데이비스는 '리바이스트라우스'라는 상인에게서 데님을 사고 있었어.
리바이스! 어때요? 이름이 귀에 익죠?

두 사람은 한 가지 계획을 세웠어.
질긴 데님에 구리 리벳! 이건 우리가 생각해 낸 아주 독창적인 바지죠!
그러니 다른 사람들이 따라 만들지 못하게 합시다!

1873년, 둘은 독창적인 바지를 다른 사람들이 따라 할 수 없도록 특허권을 따냈어.
청바지가 공식적으로 탄생한 거야!
미국 특허 139,121번

그런데 두 사람은 이 바지를 청바지가 아니라 허리 멜빵바지라는 뜻의 '웨이스트 오버롤'이라고 불렀어. 당시에는 청바지를 입을 때 허리띠 대신 멜빵을 멨거든.
멜빵바지보다는 청바지가 쉽고 편한 것 같아.

청바지는 조금씩 디자인이 바뀌면서 지금에 이르렀어. 그리고 오늘날 전 세계 사람들 누구나 즐겨 입는 옷이 되었지.
작업복이 패션을 이끌게 될 줄이야…!
미래는 아무도 알 수 없는 거야!
안녕!

안 보면 손해! 청바지 성공 시대

청바지의 주름
옷을 입으면 자연스레 주름이 생기게 마련이에요. 청바지에 생기는 주름은 위치에 따라 이름이 달라요. 바지 앞쪽에 생기는 주름은 '고양이 수염', 무릎 뒤에 생기는 십자 무늬 주름은 '벌집', 발목 위 밑단에 잡히는 주름은 '곱창'이라고 해요. 주름이 잘 잡힌 청바지는 한층 더 멋스럽게 보이지요.

청바지가 잘 어울리는 여자
1934년에 나온 '레이디 리바이스'는 최초의 여성용 청바지예요. 원래는 작업복으로 만들어졌지만, 할리우드 영화를 보고 황량한 서부로 휴가를 떠나는 여성들에게 인기가 높았어요.

파란 바지 푸른 지구
청바지를 만드는 데는 물이 많이 쓰여요. 목화를 재배하고, 염색하고, 적당히 낡은 느낌을 주도록 색을 빼려면 물이 필요하거든요. 입던 청바지가 찢어졌나요? 그럼 한번 기워서 더 오래 입어 보세요. 옷장이 한층 친환경적으로 바뀔 거예요!

청바지값이 금값
1873년에 만든 리바이스 청바지는 지금까지 남아 있는 가장 오래된 청바지예요. 예전에 금광이었던 곳에서 발견되었어요. 이 청바지는 가치가 어마어마해서 불에 타지 않는 금고에 보관되어 있어요.

청바지 지퍼
요즘 나오는 청바지 지퍼를 보면 대부분 YKK라고 쓰여 있어요. YKK는 일본 요시다 공업 주식회사를 알파벳으로 쓴 머리글자예요. 이 회사는 전 세계에서 쓰이는 지퍼의 대부분을 공급하고 있어요. 이런 것까지 알게 된 여러분은 이제 만물박사!

안 보면 손해! 재미있는 신발 이야기

더 작은 사이즈는 없어요?

세계에서 가장 큰 운동화는 홍콩에 있는 한 쇼핑몰 안에 전시되어 있어요. 길이가 6미터 40센티미터나 되지요. 자유의 여신상 정도 돼야 신을 수 있을 만한 크기랍니다.

에어 조던

내가 신었던 운동화는 과연 얼마에 팔릴까요? 2021년, 중고 나이키 에어쉽 운동화 한 켤레가 무려 150만 달러(약 20억 원)에 팔렸어요. 바로 전설적인 농구 선수 마이클 조던이 1984년에 신었고, 직접 사인까지 한 농구화였거든요.

로고

나이키 로고인 '스우시'는 1971년에 대학생이었던 캐럴린 데이비드슨이 디자인했어요. 캐럴린은 스우시를 만든 대가로 고작 35달러를 받았어요. 몇 년 뒤에 나이키는 캐럴린에게 다이아몬드로 장식한 스우시 모양 금반지를 선물했어요.

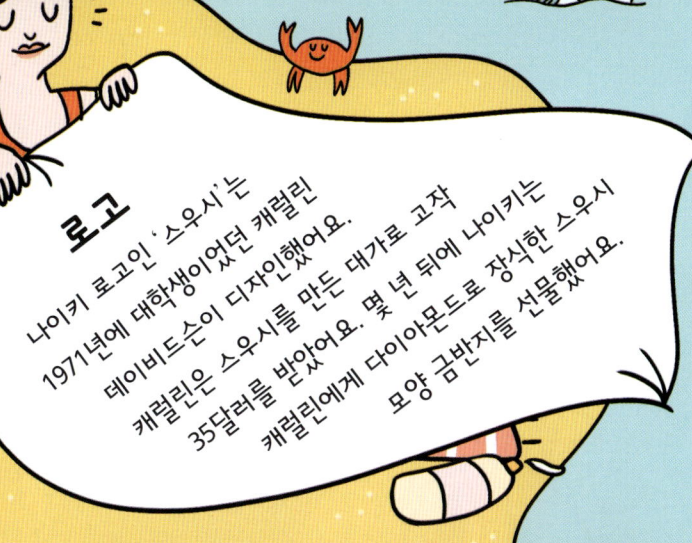

바다에 빠진 운동화

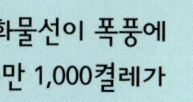

1990년, 한국에서 미국으로 항해하던 화물선이 폭풍에 휩쓸리면서 실려 있던 나이키 운동화 6만 1,000켤레가 바다로 떨어졌지요. 해양학자들은 이 운동화들이 어디로 이동하는지 관찰해 바다의 조류를 연구했어요.

녹색 운동화

운동화는 땅에 묻으면 썩는 데 1,000년이나 걸려요. 깨끗하고 신을 만한 운동화인데 내가 신기에 작아졌다면 지구를 위해 다른 사람한테 주거나 자선 단체 같은 곳에 기부해 보세요!

육체와 정신

아식스는 일본의 스포츠용품 회사예요. 아식스라는 이름은 2,000년 전 고대 로마인이 남긴 '건강한 육체에 건강한 정신이 깃든다(Anima sana in Corpore Sano).'라는 라틴어 글귀의 첫 글자를 딴 거예요.

창의력 끝판왕

패치 오코넬 셔먼

안녕하세요! 저는 미국 화학자 패치 오코넬 셔먼이에요. 1950년대에는 흔치 않은 여자 과학자였지요. 저는 기발한 발명품으로 큰돈을 벌었어요. 아주 우연한 발명이었답니다!

1953년에 저는 큰 화학 회사에서 새로운 종류의 고무 개발을 담당하고 있었어요. 하루는 동료 과학자 샘 셔먼과 연구실에 있었는데, 함께 일하는 조수가 플라스크를 엎질렀지요. 그 바람에 개발 중인 용액 일부가 조수의 흰색 캔버스화에 묻었어요.

저와 샘은 조수 신발에 묻은 용액을 닦아 내려고 비누, 물, 특수 세제 등 온갖 방법을 썼지만 아무 소용이 없었어요. 그야말로 무엇도 쓸데없는 상황이었지요.

조수는 용액이 튀었던 신발을 그냥 계속 신고 다녔어요. 매일매일 신고 다니다 보니 점점 지저분해졌는데 희한하게도 용액이 튄 곳만 깨끗하지 뭐예요. **이게 뭐지? 우리는 의문을 갖기 시작했지요….**

흐으으음…

우리는 용액이 묻어서 때가 타지 않는 부분을 더럽히려고 별별 방법을 다 써 보았어요. 잉크도 묻혀 보고, 커피도 쏟아 보고…. 그러나 전혀 묻지 않았지요. 그 순간 우리는 깨달았어요. 천이 물에 젖거나 지저분해지지 않게 막아 주는 섬유 보호제, 곧 새로운 화학 물질을 발명했다는 사실을요.

당시, 여자는 시험이 진행되는 공장에 들어갈 수 없었어요. 그래서 저는 실험에 참여할 수 없었지요. 어쨌건 수많은 실험 끝에 우리 회사는 '스카치가드'라는 새로운 제품을 세계 시장에 내놓았어요. 이 제품은 오물과 때, 반려동물과 아이들의 지저분한 손발로부터 카펫과 옷, 가구를 안전하게 지켜 주었답니다.

여자라서 못 할 일은 없어요. 자신을 가져요!

저는 운 좋게 발명을 하게 되었지만, '여자' 과학자라 참여할 수 없었던 일들을 생각하면 늘 안타까웠어요. 그래서 저는 평생 여성 권리를 위해 싸웠고 늘 이렇게 말했어요.
"여자라는 이유로 꿈을 포기하지 마세요!"

신기한 세상 — 학교에서 입는 옷, 교복

교복은 청소년들의 생활에 많은 부분을 차지해요. 모든 청소년들이 교복을 입는 건 아니지만, 세계에는 아주 다양한 교복이 있어요. 어떤 종류가 있는지 알아볼까요?

단추 채워
이탈리아에는 '그렘비울리노'를 교복으로 입는 학교들이 있어요. 앞치마라는 뜻의 긴 가운이지요. 남학생은 앞에, 여학생은 뒤에 단추가 여러 개 달려 있어요.

실내화
일본에서는 학교에 가면 실내화로 갈아 신어요. 실내화가 발레화랑 비슷하게 생겼는데, 앞코 색깔로 몇 학년인지 구분하기도 해요.

악어
폴로셔츠는 학생들이 교복처럼 즐겨 입는 옷 가운데 하나예요. 프랑스의 테니스 선수 르네 라코스테가 1926년에 만든 옷이지요. 그가 만든 의류 회사는 르네 라코스테의 별명인 악어를 로고로 사용해요.

연구원일까, 학생일까
아르헨티나 학생들은 과학자의 실험복 같은 긴 흰색 가운을 입어요. 1915년에 한 교사가 개발한 교복이에요.

찍찍이
학교에서 신는 신발은 끈 대신 **찍찍이**로 묶는 것도 많아요. 찍찍이 운동화는 1941년에 스위스 기술자 게오르그 데메스트랄이 개발했어요. 집에서 키우는 개의 몸에 꺼끌꺼끌한 씨앗이 다닥다닥 붙어 있는 것을 보고 아이디어를 얻었다고 해요.

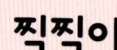

전통 있는 학교
영국 서섹스주에 위치한 크라이스트스 호스피털 학교는 **1552년**에 세워졌어요. 오래된만큼 교복의 역사도 길지요. 학생들은 무릎 바로 아래까지 오는 바지에, 밝은 노란색 양말을 신고 파란색 코트를 입는답니다.

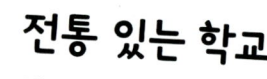

CHAPTER 6
놀이와 게임

놀이는 어른, 아이 할 것 없이 인간의 삶에서 중요한 부분을 차지해요. 그건 선생님, 할머니, 할아버지, 반려동물 들도 다르지 않아요. 인간은 오래전부터 웃으며 신나게 시간을 보낼 수 있는 기발하고 재미난 방법을 꾸준히 개발해 왔어요. 여기에는 갖가지 놀이와 게임의 시작으로 가득해요. 그럼 먼저 놀라운 기록을 가진 인형 이야기로 시작해 볼게요.

가장 오래된 인형

2017년, 한 고고학자가 러시아 시베리아 외딴 지역에서 무려 **4,500년 전**에 돌을 깎아 만든 인형을 발견했어요. 하지만 인간이 최초로 가지고 놀았던 건 아마도 작대기였을 거예요. 집에 있는 강아지한테 물어보세요!

가장 많이 팔린 인형

바비 인형은 세계에서 가장 유명하고 많이 판매된 인형이에요. 1959년, 미국의 기업가 루스 핸들러가 만들었어요. '바비'는 루스의 딸 바버라의 이름에서, 1961년에 등장한 바비의 남자친구 '켄'은 루스의 아들 케네스의 이름에서 따왔어요.

세계에서 가장 달콤한 인형

1976년에 미국에서 출시된 스트레치 암스트롱은 팔다리를 잡아당기면 원래 크기의 4배까지 쭉쭉 늘릴 수 있어요. 늘어난 인형은 서서히 원래 모습으로 돌아와요. 인형 속은 **걸쭉하고 달콤한 옥수수 시럽**으로 가득 차 있어요.

세계에서 가장 열광적이었던 유행

1980년대에 전 세계가 **양배추 인형**에 열광한 적이 있어요. 통통하고 예쁘지 않은 얼굴이 특징이었지만 사람들은 서로 먼저 사려고 다툴 정도였지요. 믿기지 않는다면 부모님께 여쭤보세요!

안 보면 손해!
콩콩 통통 휙휙!

익스트림 스카이콩콩?

스카이콩콩은 1920년대에 발명되었어요. 독일의 발명가 막스 '포'리히와 에른스트 '고'트샬의 이름을 따서 '포고 스틱'이라고 부르기도 해요. 성인용 스카이콩콩은 3미터 높이 점프도 가능하고, 스케이트보드처럼 묘기도 펼칠 수 있어요. 그래서 스카이콩콩이 모험과 위험을 동반하는 익스트림 스포츠의 한 분야로 바뀌고 있어요. 그러니까 꼭 안전 장비와 연습이 필요해요.

통통볼

통통볼은 동그란 고무공 위에 올라앉아 통통 튀며 움직이는 기구예요. 점핑볼, 호핑볼, 캥거루 통통볼 등 다양한 이름으로 불리지요. 1968년에 이탈리아에서 발명되었을 때는 '폰폰'이라고 했어요. 통통볼을 타고 100미터를 달린 최고 기록은 2023년에 세워진 29.91초예요.

은행원이 느리다고?

1997년, 스위스에서 은행원이었던 빔 아우보터는 접이식 마이크로킥보드를 만들어 팔기 시작했어요. 좋아하는 취리히의 소시지 가게까지 차를 타지 않고 빨리 갈 방법을 궁리한 끝에 만들었지요. 최근에는 스케이트보드처럼 여러 묘기를 부릴 수 있는 스턴트 킥보드도 등장했어요.

영화보다 먼저?

2013년, 중국에서 태어난 쉐인 첸은 두 바퀴로 움직이는 전동 호버보드를 특허 등록했어요. 호버보드는 공상 과학 영화 <백 투 더 퓨처> 2편에 등장해요. 영화에서는 다가올 미래인 2015년에 만들어질 공중에 뜨는 스케이트보드의 이름이었어요. 쉐인 첸의 보드는 영화에서처럼 공중에 뜨진 않았지만, 그보다 앞서 만들어졌답니다.

테디 베어

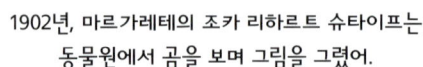

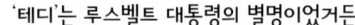

안 보면 손해! 곰 이야기

곰돌이 푸의 시작

곰돌이 푸도 세계적으로 유명한 곰 가운데 하나예요. 영국의 아동문학 작가 앨런 알렉산더 밀른은 아들이 좋아하는 아기 곰 위니가 있는 동물원에 자주 갔어요. 그리고 위니가 등장하는 동화를 지었지요. 밀른의 친구인 셰퍼드가 그림을 더해 1926년에 《위니 더 푸》, 즉 곰돌이 푸가 탄생했답니다.

책에서 인형으로

패딩턴은 페루에서 온 사고뭉치 곰이에요. 실제 테디 베어를 바탕으로 쓴 동화책 주인공이지요. 동화 《패딩턴의 베어》를 쓴 작가 마이클 본드는 1956년 크리스마스이브에 장난감 가게 선반에 홀로 있는 테디 베어 인형이 불쌍해서 집으로 데려갔어요. 그 인형이 바로 패딩턴의 모델이에요. 초기 패딩턴 인형은 서 있을 수 있도록 장화를 신었답니다.

그르렁 그르렁

테디 베어는 몸속에 소리를 내는 장치가 들어 있어요. 1908년에 슈타이프라는 회사가 처음 넣기 시작했어요. 튼튼한 판지에 구멍을 여러 개 뚫어 만든 이 장치 덕분에 테디 베어를 앞뒤로 움직이면 다정하게 '그르렁' 하는 소리가 나요.

작디작은 곰

팔다리를 움직일 수 있는 세계에서 가장 작은 테디 베어는 키가 겨우 4.5밀리미터예요. 이 테디 베어의 이름은 '타이니 테드'지요. 초소형 곰 인형을 전문적으로 만드는 남아프리카 공화국의 셰릴 모스가 만들었어요. 얼마나 작은지 돋보기로 봐야 한대요.

거대한 곰

세계에서 가장 큰 테디 베어는 2019년에 멕시코에서 만들었어요. 이 테디 베어는 축구장에 전시되어 있는데 멕시코의 어린이날인 4월 30일을 기념하기 위해 특별히 제작되었지요. 멕시코에서도 어린이날에는 수업을 하지 않고 여러 가지 재미있는 행사를 하거든요.

첫 물총은 플라스틱 파이프, 탄산음료 병, 고무 링 등으로 만들었어요.
물총을 일곱 살짜리 딸 아네카에게 주었더니 대박이 났어요. 아네카는
물총으로 친구들을 쫄딱 적셨고, 친구들은 까르르 웃으며 야단법석이었답니다!

그런데 그다음 단계가 어려운 일이었어요.
바로 발명품을 가게에서 파는 일이었지요.
혼자 만들어 팔려면 돈이 너무 많이 들었어요. 그래서
저는 한 장난감 회사와 함께 사업에 뛰어들었고, 1990년에
'**파워 드렌처**'라는 제품을 시장에 내놓았어요.
아이들은 이 물총에 열광했어요!

파워 드렌처는 처음 듣는다고요? 그럴 만해요. 파워 드렌처는 1년 뒤 '**슈퍼 소커**'라는 이름으로 다시 나왔거든요.
그 뒤에 슈퍼 소커는 더 큰 장난감 회사가 사들였고, 전 세계에서 2억 5,000만 개가 넘게 팔렸어요.
세계 곳곳에서 얼마나 많은 물총 전쟁이 벌어졌을지 한번 상상해 보세요!

하지만 저는 거기에서 멈추지 않았어요. 설계를 조금 바꿔 물 대신에 공기를 뿜으면서
말랑한 총알을 발사하는 장난감 총 '**너프 블래스터**'를 개발했답니다. 솔직히, 저는 장난감을
개발할 때면 머리가 총알처럼 빠르게 핑핑 돌아가요. 앞으로 저처럼 기발한
장난감 발명가들이 더 많이 나오면 좋겠어요. **모두 모두 파이팅!**

풍선

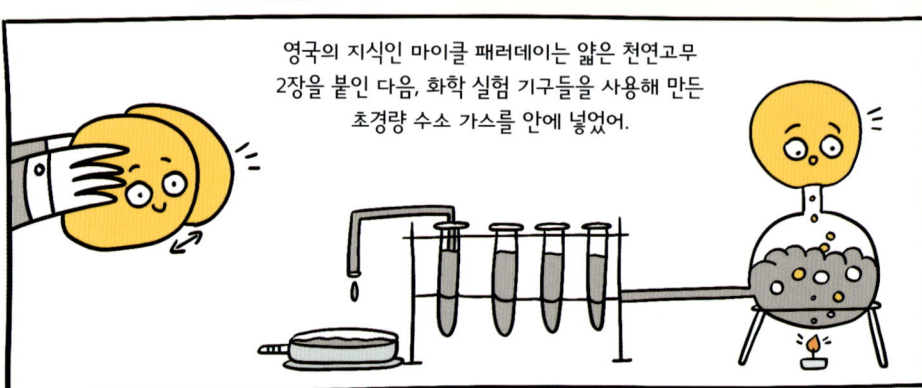

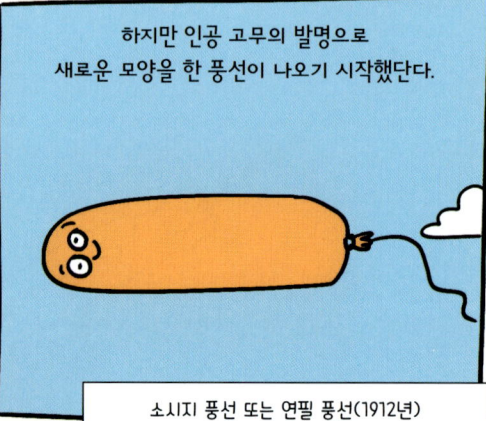

틸리 캣 풍선(1931년)

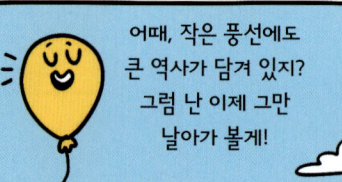

안 보면 손해!

방광부터 우주까지

풍선과 방광

조금 비위가 상할 수도 있겠지만 고무풍선이 발명되기 전에는 죽은 돼지나 다른 동물의 방광에 공기를 불어 넣어서 통통 튕기며 놀았어요. 중세 시대에는 궁정 광대들이 방광을 작대기에 묶어 사람들한테 장난을 치기도 했지요.

위로, 위로, 멀리멀리!

1982년 7월, 미국에 살던 래리 월터스는 정원 의자에 헬륨 풍선 45개를 묶어서 공중으로 떠올랐어요. 그리고 캘리포니아주 하늘을 45분 동안 날아다녔지요. 결국 전깃줄에 부딪혀 아래로 내려왔지만요. 래리가 벌인 놀라운 도전을 보고 애니메이션 〈업〉이 만들어졌어요.

깜짝이야!

풍선이 터지는 소리는 제트기가 음속을 돌파할 때 나는 실제 폭발음과 비슷해요. 고무가 찢어지는 순간의 속도가 음속에 가깝거든요!

수소와 헬륨

요즘에는 풍선에 폭발 가능성이 있는 수소 대신 안전한 헬륨을 넣는 경우가 많아요. 하지만 헬륨은 분자가 작아서 고무풍선을 뚫고 나갈 염려가 있지요. 즉, 바람이 빠질 수 있다는 말이에요. 그래서 고무풍선 대신 헬륨이 빠져나갈 수 없는 포일 풍선이 늘어나고 있어요. 포일 풍선은 원래 우주에서 사용하려고 만들었답니다.

CHAPTER 7
스포츠

사람들은 오래전부터 스포츠를 즐겼어요. 초기 스포츠는 오늘날의 창던지기, 포환던지기와 비슷한 돌이나 창 같은 걸 던지는 형태였을 거예요. 고대 그리스인들이 스포츠를 엄청나게 발전시키기는 했지만, 요즘 사람들에게 인기 있는 대부분의 종목은 생긴 지 채 200년도 되지 않았어요. 자, 스톱워치를 준비한 뒤 친구들을 불러 모아요. 그리고 이 글을 누가 가장 빨리 큰 소리로 읽는지 한번 겨뤄 보자고요!

세계 최초의 올림픽 챔피언

기록으로 남아 있는 세계 최초의 올림픽은 기원전 776년에 고대 그리스에서 열렸어요. 이 올림픽 우승자는 엘리스라는 도시에서 요리사로 일하던 코로이보스예요. 그는 **달리기 경주**에서 우승해 월계관을 썼고, 영웅 대접을 받았어요.

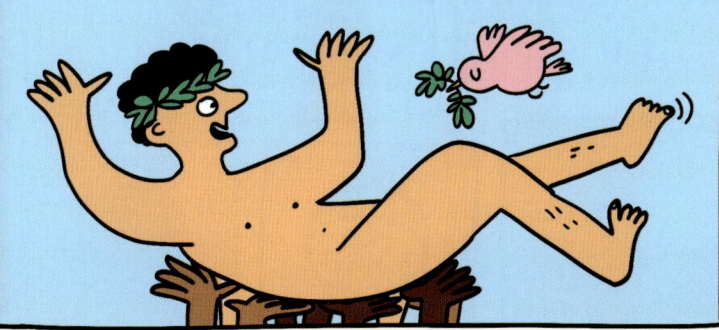

네트 너머로 통통

배구는 세계에서 가장 인기 있는 스포츠 10개 안에 들 만큼 사랑받는 운동이에요. 1895년 미국의 윌리엄 모건이 농구와 배드민턴을 섞어서 만들었지요. 처음에는 '민토네트'라고 불렀어요.

세계에서 가장 오래된 공놀이

2,000여 년 전, 고대 마야인들은 천연고무로 만든 단단한 공으로 뽁따뽁 게임을 했어요. 뼈를 부러뜨릴 수 있을 만큼 무거운 공을 팔꿈치, 엉덩이, 골반으로만 쳐서 3미터 높이의 동그란 골대에 넣었지요.

최근에 올림픽 종목이 된 스포츠

브레이크댄싱, 서핑, 스케이트보드는 모두 최근에 추가된 올림픽 종목이에요. 일본의 니시야 모미지는 역대 네 번째로 어린 올림픽 금메달리스트가 되었어요. 2020년 하계 올림픽 **스케이트보드 여자 스트리트** 부문에서 13세의 나이로 금메달을 획득했거든요.

71

축구

안녕! 나는 플라스틱 조각 20개를 붙여 만든 최첨단 축구공이야. 겉면 디자인은 친환경적으로 인쇄했고….

…빠르고 정확하게 날아가. 예전 공들과는 차원이 다르지.

휘리릭!

지금까지 남아 있는 가장 오래된 축구공은 1540년 스코틀랜드 여왕 메리 1세 때 만들어졌어.

자, 내 왕관을 맞혀 보거라.
이크, 황송합니다. 여왕 폐하!
뻥!

사람들은 수백 년 동안 돼지 방광에 공기를 채워 공처럼 차고 놀았어.

난 저러고 노는 거 마음에 안 들어.

그러다 돼지 방광에 가죽을 씌웠어. 하지만 제대로 굴러가지 않을 때가 많았어.

이게 안 들어가다니? 말이 돼?
또 빗나갔네!

다행히 1839년에 미국 화학자 찰스 굿이어가 새롭고 튼튼한 고무를 개발했어.

축구 역사에 한 획을 그었죠!

그 뒤 돼지 방광 대신 고무로 만든 주머니를 가죽 공 안에 넣었지만, 시합하다가 바람이 빠지기 일쑤였어.

공기가 새니 김도 새네….
에구!

게다가 비라도 내리면 가죽 공이 물을 먹어 무거워졌어.

아이코! 아파라!
나도!

시간이 흐르면서 축구공도 많은 변화를 겪었어.

1860년대 | 1900년대
1930년대 | 1950년대

1962년에는 32개의 가죽 조각을 붙여 만든 축구공도 등장했어.

육각형이 20개, 오각형이 12개네….
지금은 축구 시간이지, 수학 시간이 아니라고!

1970년 월드컵 결승전에는 흰색과 검은색이 섞인 축구공 '아디다스 텔스타'가 사용되었어.

나는 텔레비전으로 보면 엄청 잘 보여!

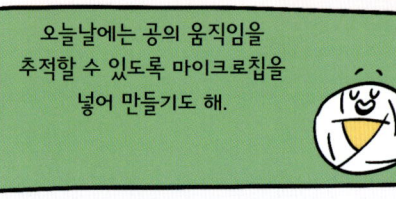

오늘날에는 공의 움직임을 추적할 수 있도록 마이크로칩을 넣어 만들기도 해.

나도 칩이 있으니 금방 찾을 수 있겠지?

안 보면 손해!
축구가 최고야

축구 스타
브라질 축구 선수 펠레는 평생 775골을 넣었어요. 역대 최고의 공격수로 평가받고 있지요. 펠레는 상파울루주의 바우루에서 태어나 신문지를 구겨 넣은 양말이나 자몽을 차며 길거리에서 축구 실력을 쌓았어요.

우승 트로피를 위하여!
피파 여자 월드컵은 남자 대회가 시작된 지 61년이 지난 1991년에 처음으로 열렸어요. 여자 월드컵 우승팀은 100퍼센트 은으로 만든 트로피를 영원히 간직할 수 있어요. 반면 남자 월드컵 우승팀은 금 대신 청동으로 만든 복제품을 받게 되지요.

우리는 같은 팀!
어떤 축구 선수들은 국가대표로 시합에 나갈 때마다 모자를 하나씩 받아요. 이 전통은 19세기 영국에서 시작되었어요. 지금은 유니폼 색깔로 팀을 구별하지만 당시에는 모자나 띠의 색깔로 어느 팀인지 알아보았거든요.

마법 스프레이?
심판들은 선수들이 프리킥을 찰 때 수비벽의 위치를 알려 주기 위해 스프레이를 사용해요. 브라질의 축구 팬 헤이니 알레마그니가 2000년에 발명했지요. 스프레이 캔 속에는 물과 소량의 식물성 기름이 들어 있어서 짧은 시간 동안만 보였다가 사라지는 특별한 거품을 만들어 낸답니다. 마법 같지 않나요?

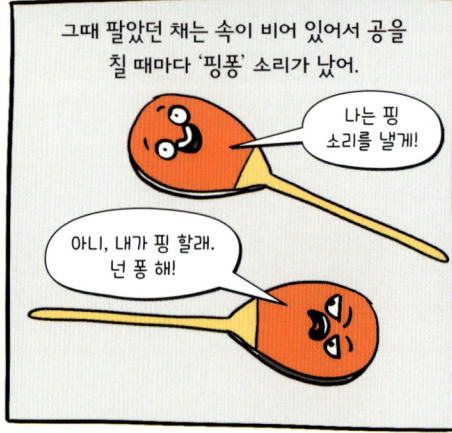

안 보면 손해! 공으로 신나게 즐겨 볼까?

알록달록 볼 풀

볼 풀은 1976년에 등장했어요. 볼 풀을 처음 만든 캐나다의 에릭 맥밀런은 절인 양파가 담긴 단지 안을 들여다보다 아이디어를 떠올렸어요. 세계에서 가장 큰 볼 풀은 중국에 있어요. 2015년에 지어졌는데, 200만 개가 넘는 공이 들어 있답니다!

말랑말랑한 돌?

폼 볼은 1969년에 미국에서 레인 가이어가 만들었어요. 부드럽고 안전해서 실내에서 공놀이하기에 딱 좋아요. 원래는 아이들이 선사 시대 원시인처럼 서로 던지며 놀 수 있는 돌을 만들려고 개발했다고 해요. 으악! 나한테 던지지 마!

과일 바구니에 슛!

농구는 1891년에 캐나다 출신 체육 교사 제임스 네이스미스가 만들었어요. 맨 처음에는 바닥이 막힌 과일 바구니 2개를 체육관 양쪽 끝 벽에 고정한 뒤, 축구공을 바구니에 던졌지요. 그런데 바구니에 공이 들어갈 때마다 꺼내려면 사다리가 필요했답니다.

원래는 흰색이었다고?

테니스공은 고무 조각 2개를 8자 모양으로 붙여 만들어요. 예전에는 대부분 흰색이었지만, 컬러텔레비전에서 더 잘 보이도록 형광 노란색으로 바뀌었지요. 보는 사람에 따라 형광 노랑이 아닌 과일 라임과 비슷한 연두색이라고도 해요. 테니스 선수만큼 개들도 테니스공을 진짜진짜 좋아한답니다.

창의력 끝판왕

가노 지고로

안녕하세요! 저는 무술 사범 가노 지고로예요. 저는 1860년에 부유한 일본 가정에서 태어나 꽤 비싼 사립 학교를 다니며 영어와 독일어를 배웠어요. 그런데 안타깝지만 제가 배운 것은 그뿐만이 아니었어요.

슬프게도 학교에서 괴롭힘을 당하는 고통도 배웠어요. 저는 몸집이 작고, 조용하고, 내성적이었는데 다른 학생들이 자주 괴롭히고 때렸지요. 저는 스스로를 지키고 싶었어요. 그래서 저에게 유술을 가르쳐 줄 사람을 찾게 되었어요.

유술은 일본의 옛 무술이에요. 저는 대학교에 들어간 뒤 유술의 고수를 오랜 시간 동안 찾아다닌 끝에 드디어 배우기 시작했어요. 그러나 일본식 돗자리 다다미에서 저보다 힘이 센 학생들과 겨루려니 어려움이 많았어요. 그래서 **더 효과적이고 과학적인 무술이** 있지 않을까 하고 늘 생각했어요.

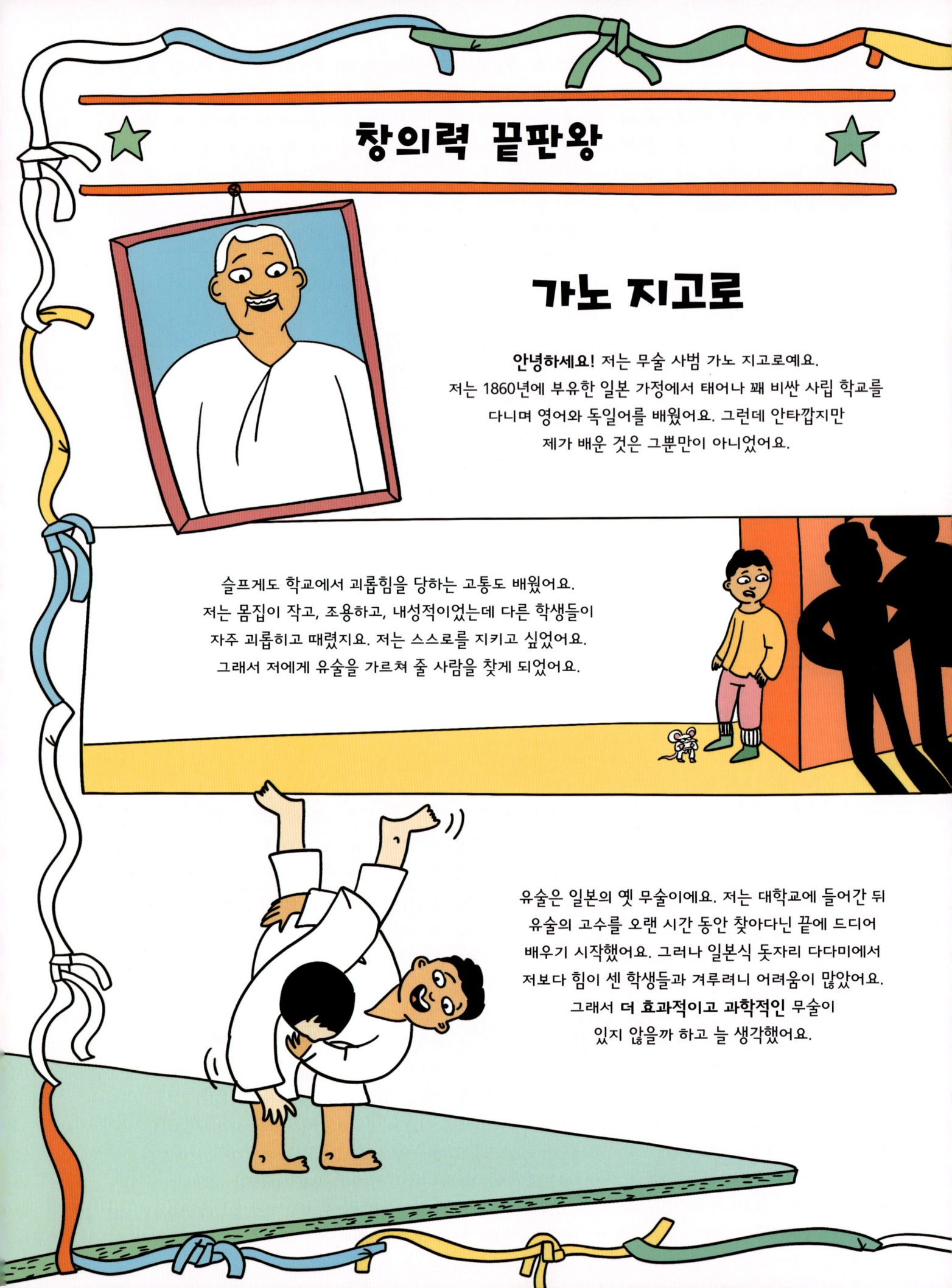

어느 날, 저는 작은 체구를 이용해 덩치가 훨씬 크고 힘이 센 상대방 밑으로 파고들었어요. 그런 다음 상대를 제 어깨에 얹고는 메쳤지요. 제가 대련에서 이기는 데에는 중력과 힘, 상대의 움직임이나 방향 활용 같은 과학적 원리가 작용했어요. **결과는 놀라웠어요!**

저는 그 뒤 여러 해 동안 싸움 방식과 기술을 가다듬었어요. 제 생각과 맞는 유술 동작은 받아들이고 그렇지 않은 것은 과감히 버렸지요.

그리고 마침내 이길 수 있는 방법을 깨달았어요. 상대방의 균형을 무너뜨리는 것만으로도 결정적이라는 사실을 말이에요.

균형 무너뜨리기야말로 최소의 노력으로 최대의 결과를 얻을 수 있는 가장 효율적인 방법이었답니다.

저는 새로 개발한 무술의 이름을 '유도'로 정했어요. **'부드러운 길'**이란 뜻이에요. 중요한 것은 힘만이 아니라는 의미가 담겨 있어요. 1884년, 저는 고도칸이라는 유도 도장을 열었고, 12명으로 시작했던 제자는 금세 1천 명이 넘게 늘어났어요!

유도

유도는 제가 개발한 도복, 띠, 동작, 철학과 함께 전 세계로 퍼져나갔어요. 그리고 일본의 운동 경기로는 최초로 1964년에 올림픽 정식 종목이 되었어요. 나를 괴롭혔던 친구들 덕분에 유도가 탄생한 셈이죠.

CHAPTER 8
최첨단 기기

인간이 화면을 보기 시작한 역사는 수만 년 전으로 거슬러 올라가요. 최초의 화면은 깜박거리는 불꽃 때문에 들소와 매머드가 살아 움직이는 듯이 보였을 동굴 벽화일 거예요. 그다음 회화와 사진이 뒤따랐고, 시간이 더 흐른 뒤에는 텔레비전과 전자책을 비롯해 여러 매체들이 생겨났지요. 여기에서는 우리 삶의 모습을 만드는 최첨단 기기의 시작들과 내막을 속속들이 살펴볼 거예요.

세계에서 가장 오래된 컴퓨터

안티키테라 기계는 2,000여 년 전에 만들어진 신비로운 물건이에요. 1900년대 초 난파선에서 발견되었어요. 일식 같은 천문 현상을 계산하는 정교한 계산기 또는 컴퓨터의 초기 형태로 추정되지만, 정확한 기능과 용도는 아직 완전히 밝혀내지 못했어요.

최초의 텔레비전 출연자

스투키 빌은 1920년대에 세계 최초로 텔레비전 영상 송출 실험을 할 때 사용한 나무 인형의 이름이에요. 스코틀랜드 발명가 존 로지 베어드가 만들었는데 나무 인형인 데다가 색칠도 무섭게 되어 있어서 꽤 딱딱한 인상을 주는 출연자였어요.

가장 인기 있는 어린이 전자책

전자책은 몇십 년 전부터 우리 곁에 있었어요. 1971년에 시작한 '프로젝트 구텐베르크'는 고전을 전자책으로 만들어 무료로 제공하고 있지요. 사람들이 가장 많이 다운로드한 어린이책은 루이스 캐럴의 《이상한 나라의 앨리스》예요.

희귀 금속

스마트폰에는 코발트, 망간, 리튬, 금, 은, 백금 등 지구에서 가장 희귀하고 값비싼 광물들이 여럿 들어 있어요. 그러니까 가능하면 최대한 오래 쓰고, 다른 스마트폰으로 바꿀 때는 쓰던 스마트폰을 꼭 **재활용**하세요!

안 보면 손해! 게임 시작!

오징어 게임

1978년, 일본의 게임 회사 타이토는 혁신적인 오락실 게임 '스페이스 인베이더'를 출시했어요. '모조리 다 쏴 버려!'식의 전개로 박진감이 넘쳤지요. 최초로 게임 참가자들의 최고 점수를 기록했고, 배경 음악까지 있었어요. 이 게임을 개발한 니시카도 토모히로는 위협적인 외계인을 게, 오징어, 문어 모양으로 만들었답니다.

슈퍼 마리오

세상에서 가장 비싼 비디오 게임은 1985년에 닌텐도가 내놓은 '슈퍼 마리오 브라더스'를 뜯지도 않은 상태로 보관한 것이에요. 2021년에 200만 달러(약 28억 원)라는 기록적인 가격에 팔렸지요. 주인공 배관공 마리오는 1981년에 발매된 '동키콩' 게임에 처음 등장했는데, 그때 이름은 '점프맨'이었어요.

운동을 게임처럼

2006년, 게임 회사 닌텐도가 '위(Wii)'를 출시했어요. 동작 감지 리모컨 덕분에 플레이어의 동작을 게임에 반영하기 때문에 여러 운동을 즐길 수 있는 게임기예요. '위'라는 이름이 이상하다고요? 2개의 i는 나란히 서서 게임하는 두 사람을 상징하고, 'w'는 쌍절곤을 뜻한다고 해요.

몰래몰래

'이스터 에그'는 게임 속에 숨긴 메시지나 이미지, 미니 게임 등을 뜻해요. 부활절 때 여기저기 숨긴 부활절 달걀을 어린이들에게 찾도록 하는 풍습에서 유래한 말이에요. 이스터 에그는 1979년에 발매된 아타리의 비디오 게임 '어드벤쳐'에 맨 처음 등장했어요. 게임 속 비밀 방에 '워런 로비넷이 만듦.'이라는 말이 숨어 있었지요. 이 사실은 그가 회사를 떠난 뒤에야 밝혀졌어요. 오늘날 이스터 에그는 영화, 책, 텔레비전에서도 찾을 수 있어요.

태블릿 컴퓨터

안 보면 손해! 컴퓨터 세상

하이파이 와이파이
'와이파이'는 무선 인터넷 연결 시스템이에요. 매장 내의 여러 계산대를 연결하고 싶어 했던 미국의 한 기업이 1990년에 개발했지요. 얼핏 보면 줄임말 같지만 원음에 충실하게 재현하는 고품질이라는 의미를 가진 '하이파이'에서 착안해 기억하기 쉽게 붙여진 이름이에요. 다른 이름 후보로는 잠자리를 뜻하는 '드래곤플라이'나 최대 속도라는 뜻의 '플랭크스피드'가 있었다고 해요.

바이킹 왕
'블루투스'는 1994년, 스웨덴의 통신 장비 회사 에릭슨이 개발했어요. 블루투스라는 이름은 1,000여 년 전 스칸디나비아에 살았던 바이킹 왕 하랄 블라탄의 영어식 발음이에요. 블루투스의 로고도 왕의 이름 첫 자 H와 B를 고대 바이킹의 '룬' 문자로 표현한 뒤 하나로 합해 만들었어요.

벌레 먹은 컴퓨터
컴퓨터 프로그램의 결함 때문에 생기는 오류나 현상을 흔히 '버그'라고 해요. 버그는 영어로 '벌레'라는 뜻인데, 1947년 미국의 과학자 그레이스 호퍼가 처음 썼다고 알려져 있어요. 중요한 컴퓨터가 고장난 원인을 찾다가 컴퓨터 안에서 벌레를 발견한 일이 계기가 되었다고 해요. 이때 발견된 벌레는 나방이었는데 슬프게도 죽은 채로 발견됐어요.

보석 태블릿 컴퓨터
세상에서 가장 비싼 태블릿 컴퓨터는 아마도 2011년, 500만 파운드에 팔린 아이패드 2일 거예요. 뒷면은 24캐럿 금으로 만들었고 애플 로고도 다이아몬드로 새겼어요. 앞면 프레임은 화석화된 티라노사우루스의 허벅지 뼈가 들어간 '암모라이트'라는 보석 원석으로 만들었어요.

창의력 끝판왕

자베드 카림

반가워요! 저는 자베드 카림이에요. 1979년에 독일에서 태어났고, 1992년에 남동생, 독일인 어머니, 방글라데시인 아버지와 함께 미국 미네소타주로 가서 살았죠. 이때만 해도 제가 단 19초짜리 동영상 때문에 인터넷 역사의 한 페이지를 장식하리라고는 상상조차 못했어요!

저는 대학교에서 컴퓨터 공학을 공부하면서 온라인 결제 서비스 회사인 페이팔에서 일했어요. 그리고 바로 그곳에서 스티븐 첸과 채드 헐리를 만났지요.

그런데 당시에는 인터넷에서 동영상을 찾아서 볼 수 있는 사이트가 없었어요. 우리는 그게 불만이었고, 동영상 공유 플랫폼인 유튜브를 만들 생각을 하게 되었어요.

우리는 차고를 사무실로 썼어요. 채드는 인터넷 홈페이지와 로고를 디자인했고, 저와 스티븐은 프로그래밍을 맡았지요. 마침내 **2005년 2월 14일 밸런타인데이**에 유튜브 홈페이지가 문을 열었어요. 하지만 저에게 가장 중요한 날은 두 달여 뒤인 4월 23일이에요.

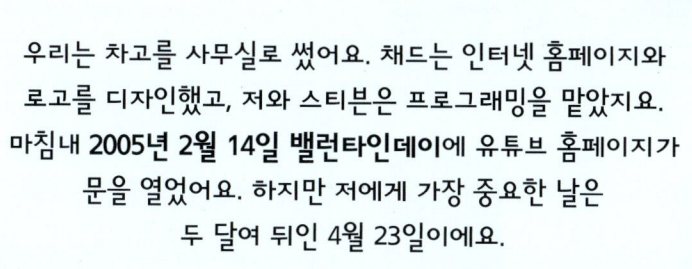

그날이 바로 우리가 유튜브 최초의 동영상인 '**동물원에서의 나**(Me at the Zoo)'를 올린 날이거든요. 이 동영상은 제 학교 친구인 야코프 라피츠키가 샌디에이고 동물원에서 촬영했고, 저와 코끼리 몇 마리가 등장해요. 19초짜리 짧은 동영상이지만, 인터넷 역사의 한 페이지를 장식했지요. 동영상 속에서 제가 하는 말은 이게 다예요.

좋아요. 자, 지금 우리는 어, 코끼리들 앞에 있습니다. 그리고 코끼리가 멋진 점은, 멋진 점은 진짜, 진짜 음, 코가 길다는 점입니다. 그게 정말 멋지지요. 그리고 이 정도면 할 말을 다 한 것 같습니다.

아주 역사적이죠? 하하. 유튜브에 최초로 올린 이 동영상은 놀랍게도 현재 조회수가 3억을 훌쩍 넘겼어요. 저로서는 과분한 조회수이지만…, 다시 생각해 보니 조회수 선두를 달리고 있는 아기 상어 춤(Baby Shark Dance)은 150억이 넘네요. 자, 그럼 다 같이….

아기 상어 뚜루루뚜루…

스마트폰

안 보면 손해!
스마트폰 속 세상

틱톡

틱톡은 동영상 공유 서비스로 2016년에 중국에서 개발되었어요. 얼린 꿀, 코코아 폭탄, 구름빵, 미니 팬케이크 시리얼 같은 특이한 음식을 먹는 유행을 일으키면서 유명해졌지요. 현재 구독자가 가장 많은 틱톡 사용자는 세네갈에서 태어난 카바네 '카비'라메예요. 구독자가 1억 6,000만 명이 넘는답니다.

인스타그램

인스타그램은 2010년에 미국에서 시작되었어요. 인스타그램이라는 이름은 '인스턴트 카메라'와 기존에 있던 메신저 '텔레그램'을 결합해 만들었어요. 인스타그램에 최초로 게시된 사진은 캘리포니아 바닷가 부두 사진이었어요. 부두가 45도 각도로 기울어져 찍혔어요. **실패!**

파랑새 래리

짧은 메시지로 소통하는 마이크로블로그 사이트인 엑스(X)는 2006년에 미국에서 탄생했어요. 처음에 나왔을 때는 '트위터'라고 불렸는데, 2023년부터 운영자가 바뀌면서 '엑스(X)'가 되었어요. 트위터의 로고로 쓰였던 파랑새 이름은 '래리'였어요. 세계적으로 유명한 이 로고를 만드는 데 든 비용은 단 15달러(약 2만 원)였답니다!

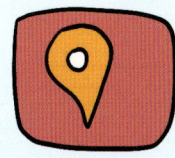

나를 검색해 봐!

검색 엔진 '구글'은 1996년, 미국 캘리포니아주에 있는 한 차고에서 시작되었어요. 이름은 10의 100제곱(1 뒤에 0이 100개인 수)이란 뜻인 '구골(googol)'에서 비롯되었지요. 그만큼 정보를 찾기 위해 검색하는 웹사이트가 무수히 많다는 의미가 담겨 있어요. 구글이 얼마나 인기가 많은지 2006년에 인터넷으로 검색하는 행위를 뜻하는 말로 '구글하다(google)'가 사전에 올랐을 정도예요.

힝, 나 같은 백과사전을 실업자로 만들어 버렸어!

멋지고 새로운 세상

집안일을 하는 로봇, 우리 집 거실에 서 있는 홀로그램 인간…. 공상 과학 영화에나 나올 법하다고 생각했던 것들이 실제로 존재하고 있어요. 이제 스마트폰이 없는 세상은 상상조차 할 수 없지요. 다가오는 미래에는 또 어떤 새롭고 놀라운 것들이 우리를 기다리고 있을까요? 자, 제트팩을 꽉 맸나요? 바로 지금 신세계로 들어갑니다!

제트족

사람들은 이미 개인용 분사 추진기인 제트팩을 쓰고 있어요. 그런데 비행시간이 다소 짧거나 몸이 물에 젖는 단점이 있지요. 사람들이 많이 쓰는 워터 제트팩은 물을 세차게 뿜는 힘으로 작동하기 때문에 호수나 바다 위로만 날아가야 하거든요. 여러분이 바닷가에 산다면, 이런 제트팩을 메고 학교에 갈 수 있어요!

투명 망토

투명 망토는 발명가들이 오래전부터 꿈꿔 왔던 물건이에요. 원리는 간단해요. 입거나 덮으면 투명하게 가려 주어서 마치 사라진 듯이 보이지 않는 거지요. 하지만 실제로 보이지 않도록 하기는 쉽지 않아요. 그렇지만 언젠가는 투명 망토를 볼지도 몰라요. 아! 못 보겠네요. 투명 망토니까요.

땀의 의미

스코틀랜드 과학자들은 인간의 땀에 들어 있는 화학 물질로 전기를 만드는 직물을 발명했어요. 이렇게 만들어진 에너지는 저장해서 스마트폰이나 시계 같은 전자 기기를 충전하는 데 쓸 수 있어요. 땀 한 방울 안 흘리고, 아니 땀을 잔뜩 흘려 거저 먹기죠!

미래의 눈

엄청난 시력을 가진 인공 망막은 오래전부터 공상 과학물의 소재였어요. 실제로 2021년에 이스라엘의 외과 의사들은 10년 전에 시력을 잃은 남성의 눈 안에 인공 센서를 넣어 마지막으로 가족을 다시 볼 수 있도록 시력을 돌아오게 해 주었지요.

하늘을 나는 자동차가 있다고요?

네! 하늘을 나는 자동차는 이미 현실이 되었어요. 아직은 시험용으로 만든 소수의 제품만 있지만요. 설계 문제뿐 아니라 소음, 공해, 안전 등의 문제도 있고, 이륙과 착륙할 장소들을 찾아야 하는 어려움도 있어요. 하지만 언젠가는 자동차 스스로 운전할 수 있게 될 거라고 해요. 하늘에서 내려다보는 풍경을 즐길 준비들 하세요!

곧 등장할 것들

'사물 인터넷'은 집 안 모든 기기를 연결하여 멀리서도 스마트폰으로 조종할 수 있는 미래의 집을 선사할 거예요. 과학자들은 이미 사용자의 몸무게와 건강 상태를 추적 관찰하는 최첨단 화장실을 만들었어요. 변기로부터 메시지를 받는 미래를 상상해 보세요!

창의력 끝판왕 어린 마법사들

반가워요! 저는 전설적인 미국 발명가 **토머스 앨바 에디슨**이에요. 영화 촬영용 카메라부터 전구까지 1,000개가 넘는 특허를 가지고 있지요. 게다가 청력을 잃어 들을 수 없는데도 소리를 녹음하는 방법을 발명했답니다. 스물두 살 때부터 생각해 낸 멋진 물건들 덕분에 사람들은 저를 '마법사'라고 불렀어요. 그런데 저보다 더 어린 시기에 전구가 딱 켜지듯 아이디어가 번쩍 떠올랐던 창의력 끝판왕들도 많아요. 저와 함께 '어린 마법사들'을 만나 볼까요?

미국 오하이오

저는 **리파트 샤루크**예요. 2017년에 지구 주위를 도는 위성을 만들어서 미국 항공 우주국에서 발사했어요. 그것도 최초로 3차원(3D) 인쇄술을 이용해서요. 그때 제 나이는 열여덟 살이었어요. 제가 만든 위성의 무게는 고작 64그램으로 역대 가장 작고 가벼운 위성이에요!

인도 타밀나두

프랑스 파리

저는 **체스터 그린우드**예요. 열다섯 살이었던 1873년에 아이스 스케이트를 타다가 귀를 편안하고 따뜻하게 해 주는 귀마개를 생각해 냈어요. 첫 귀마개를 만들 때는 할머니께서 도와주셨답니다.

미국 메인

저는 **루이 브라유**예요. 다섯 살 때 시력을 잃었지만, 늘 글을 읽고 싶었어요. 그래서 1824년, 종이 위에 도드라진 점들로 글자를 쓰는 저만의 방식을 만들어 냈답니다. 그리고 제 이름을 따서 '브라유 점자'라고 불렀지요. 이때 저는 열다섯 살이었어요!

저는 **로버트 패치**예요. 분해했다가 다시 여러 방법으로 조립할 수 있는 장난감 트럭 아이디어로 1963년에 특허를 받았어요. 당시 저는 여섯 살이었고, 이름을 쓸 줄 몰라서 제 설계 도면에 'X'라고 서명했어요.

미국 메릴랜드

말라위 윔베

저는 **윌리엄 캄쾀바**예요. 열네 살이었던 2001년, 말라위 윔베 마을에 있는 우리 집 전기를 공급해 줄 풍력 터빈을 만들었어요. 버려진 자전거 바퀴 같은 것들을 찾아 부품으로 이용했지요. 이 터빈 덕분에 저는 많이 유명해졌어요!

저는 **샘 호턴**이에요. 2008년에 솔이 두 개 달린 빗자루를 발명했어요. 아버지가 청소하는 걸 도와드리고 싶었거든요. 그때 저는 다섯 살이었는데, 아마도 제가 세계에서 가장 어린 나이에 특허를 딴 사람일 거예요!

영국 더비셔

케냐 키텡겔라

제 이름은 **리차드 투레레**예요. 어느 날 밤에 사자들이 우리 집 소들을 공격했어요. 저는 열한 살이었던 그때, '사자 전등'을 발명했답니다. 마치 사람이 햇불을 든 것처럼 보이도록 낡은 가전제품에서 빼낸 엘이디(LED) 전구를 이용해 빛을 깜빡이게 만들었어요. 사자들은 더 이상 나타나지 않았어요!

안녕하세요? 저는 **매킨리 버트슨**이에요. 숟가락과 주사기를 합쳐서 약을 더 쉽게 먹을 수 있는 기구를 발명했어요. 겨우 여섯 살 때요! 저는 이 기구를 '스푸니지'라고 불렀어요. 지금은 발명가로 일하고 있어요!

호주 울런공

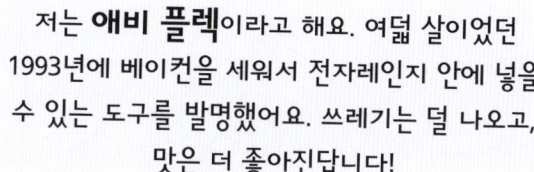

저는 **애비 플렉**이라고 해요. 여덟 살이었던 1993년에 베이컨을 세워서 전자레인지 안에 넣을 수 있는 도구를 발명했어요. 쓰레기는 덜 나오고, 맛은 더 좋아진답니다!

미국 미네소타

남아프리카 공화국 모그와세

저는 **다토 가틀항예**라고 해요. 2014년에 재활용 소재를 이용해 책가방을 만들었어요. 태양광으로 충전하는 전등이 달렸는데, 붙였다 떼었다 할 수 있답니다. 이 책가방은 깜깜할 때 걸어가는 아이들은 전등으로, 집에서는 촛불 대신 쓸 수 있어요.

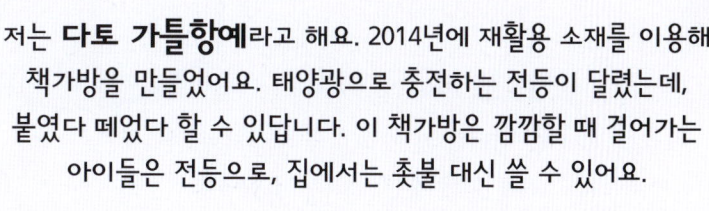

안 보면 손해!
특허 취득 절차

번뜩이는 머리가 있다면 언제든 번뜩이는 아이디어를 떠올릴 수 있어요. 하지만 아이디어가 실제 발명에까지 이르는 건 결코 쉽지 않아요. 많은 노력과 시간 그리고 대부분의 경우 많은 돈이 필요하거든요. '아이디어 번쩍!'부터 실제 제품에 이르기까지의 과정을 아래에 소개해 볼게요.

1. 아이디어가 생기는 행운

번쩍! 바나나를 먹고 있는데 굉장히 좋은 아이디어가 떠올랐어요. 과일 채소 포인트! 과일과 채소를 먹으면 상품과 교환할 수 있는 포인트를 주는 거죠!

2. 비밀 유지

아이디어를 너무 많은 사람에게 말하지 마세요! 특허는 사람들이 누군가의 아이디어를 베끼거나 따라 하지 못하게 하는 법적 제도예요. 이미 있으면 특허를 받을 수 없어요. 누가 따라 하지 못하도록, 쉿!

3. 확인하기

혹시 나와 똑같은 생각을 한 사람이 이미 있었는지도 몰라요! 인터넷으로 과거의 특허와 이미 나온 발명품을 조사해서 누가 특허를 땄거나 발명했는지 확인하세요.

5. 그림으로 그리기

내 아이디어가 실제로 어떤 모습이면 좋을지 그림으로 그려 보세요. 완벽한 그림을 그려야 특허를 딸 수 있는 건 아니지만, 다른 사람들을 이해시키는 데 도움이 되거든요.

4. 글로 쓰기

공책을 꺼내 아이디어를 떠올린 날짜를 쓰고 내용을 상세하게 적으세요. 언제, 어떻게 아이디어를 얻게 되었는지 증명해야 할 일이 생길 수도 있으니까요.

6. 신청 서류 만들기

이 단계에서는 비용이 많이 들 수 있어요. 특허 신청을 도와주는 전문가인 변리사에게 맡기면 확실하게 처리해 주지만 적지 않은 비용을 내야 해요.

7. 특허 신청하기

이제 나의 아이디어를 특허청에 제출해요. 특허청에서는 내 아이디어가 정말 새롭고 쓸모있는지 확인하는 일을 하지요.

8. 다시 신청하기

새 아이디어는 첫 번째 신청에서 탈락하는 일이 흔해요. 정말로 중요한 아이디어만 특허를 주기 위해 필요한 과정이기도 하지요. 심사 결과가 나올 때까지 몇 년이 걸릴 수도 있으니까 지치거나 포기하지 않는 것이 중요해요.

9. 축포 터뜨리기!

야호! 내 아이디어가 특허를 취득했어요. 이제 앞으로 20년 동안 내가 사는 나라에서 누구도 내 아이디어를 베낄 수 없다는 뜻이에요. 국제적으로 특허를 받으려면 비슷한 과정을 반복하면 돼요.

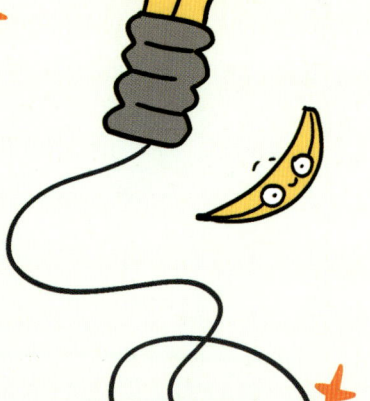

10. 대성공 거두기

축하해 주세요! 드디어 내 발명품이 생산되어 전 세계에 판매되고 있어요. 이제 단 하나의 질문만 남았어요. 처음으로 버는 1억 원으로 무엇을 사면 좋을까요?

나는 아이디어 부자!

환상적이고 새로운 발명 아이디어가 있나요?

(이 장을 복사해서 여러분의 아이디어를 적어 보세요.
특허를 얻을 때까지 비밀을 유지하는 것 잊지 마세요!)

여기에 내 얼굴을 그리세요.

여기에 내 발명품을 그리세요.

이름: ....

생년월일: ....

발명품의 이름은 무엇이고 어떤 기능이 있나요?

....

....

....

야호! 굉장한 발명품 덕분에 수억 원을 벌었어요! 어디에, 어떻게 쓸 건가요?

....

....

사파리 STEAM 융합인재교육 활동책

수학 없는 수학

그리고 색칠하면서 수학을 깨치는
신개념 수학 컬러링북

글 애나 웰트만 | 13,500원

★ 2016 The Educational Writers' Award 수상

과학 없는 과학

누구나 과학자로 만들어 주는
흥미 만점 과학 활동책

글 클라이브 기포드 | 12,000원

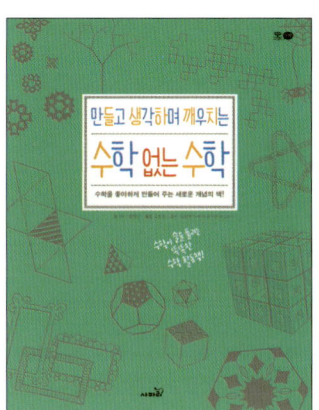

만들고 생각하며 깨우치는
수학 없는 수학

수학과 예술을 넘나드는
신나는 활동책

글 애나 웰트만 | 12,000원

★ 2018 우수과학도서 선정

과학자처럼 생각하고
실험하는 과학 놀이

런던 과학 발명관과 공동
제작한 특별한 과학 실험책

글 런던 과학 박물관 | 12,000원

수학 천재로 만들어 주는
흥미진진한 수학 놀이

놀이를 통해 수학에 대한
성취감과 흥미를 얻는 활동책

글 마이크 골드스미스 | 12,000원

융합 인재로 만들어 주는
창의 탄탄 미술 놀이

STEAM 융합인재교육을
접목한 즐거운 미술 활동북

글 조지아 앰슨-브래드쇼 | 12,000원

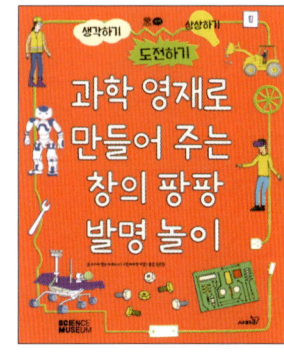

과학 영재로 만들어 주는
창의 팡팡 발명 놀이

STEAM 융합인재교육을
접목한 즐거운 미술 활동북

글 조지아 앰슨-브래드쇼 | 12,000원

safaribook.co.kr　@safaribook_　02-2651-6121　

차별과 혐오가 없는 세상을 꿈꿔요!

인권

세상을 바꾸는 하나의 목소리

자유와 평화, 권리는 수많은 사람들의 끊임없는 노력으로 이루어졌어요. 더 나은 세상을 위해 행동한 사람들의 감동적인 이야기를 만나 보아요.

글 에밀리 하워스부스, 앨리스 하워스부스 | 그림 에밀리 하워스부스 | 옮김 김은정 | 값 18,500원

나답게 당당하게 살고 싶어!

나답게 살고 싶은데 망설여지거나 힘들다고요? 멘토들의 삶과 그들이 전하는 한마디를 통해 나다움은 무엇인지 배울 수 있어요.

글 케이 우드워드 | 그림 앤드루 아처 외 | 옮김 황유진 | 감수 이서윤 | 값 19,800원

다양성

세계의 친구들은 어떻게 살아갈까요?

지구촌 곳곳을 여행하며 나와 다르게 살아가는 세계 친구들의 생활 방식과 문화를 만나 보아요!

글 트레이시 터너 | 그림 오사 길랜드 | 옮김 서남희 | 값 16,000원

서로 다르지만 우리는 모두 친구야!

인종이나 성별, 취향 등이 나와 다른 친구들에 대한 이해와 존중을 배우는 다양성 체험 학교로 떠나 보아요!

글 트레이시 터너 | 그림 오사 길랜드 | 옮김 서남희 | 값 16,000원

학교 폭력

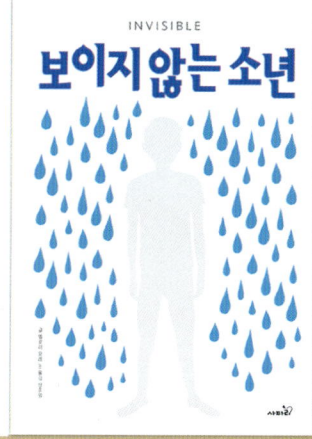

보이지 않는 소년
글 엘로이 모레노 | 옮김 성초림 | 값 17,000원

학교 폭력을 겪는 아이가 어떤 세상을 마주하는지 놀랍도록 섬세하게 보여 주는 수작

자신을 투명인간이라고 여긴 소년이 있었다. 하지만 소년은 모르고 있었다. 그 슈퍼파워는 스스로 만들어 낸 능력이 아니란 걸.

내게 남겨진 비밀
글 케이티 윌리엄스 | 옮김 정회성 | 값 13,500원

십 대들의 방황과 고민을 녹여 낸 특별한 미스터리

사고로 학교 옥상에서 떨어져 죽은 페이지는 학교에 자신이 자살했다는 헛소문이 퍼지자 분노한다. 과연 이 루머를 바로잡을 수 있을까?